JN066074

売れなくて悩む営業が
今日からできること

営業がしんどい

株式会社営業ハック代表取締役社長
笹田裕嗣

日本実業出版社

はじめに

営業がしんどい。

そう感じるのはどんなときですか?

- 飛び込み営業で怒られた
- 100件電話をかけたのに、1件もアポイントにつながらない
- 話は盛り上がったのに受注がもらえない
- 頑張っているけど成長の実感が湧かない

営業をしていると、「しんどい」と感じる場面は何度もあると思います。焦ること、不安になること、今のままで良いのかと疑問に感じること、営業をしているとさまざまな葛藤と戦うことがあるはずです。SNSなどで営業について相談を受けることも多いですが、「営業がつらいんです」という相談は、詳しく話を聞くと「今売れてい

ない」「成果が出ていない」というケースがほとんどです。結局、「売れない」という
ことに営業は苦しめられるんですよね。

私も何度も苦しみ、悩み倒してきました。３週間テレアポでアポがとれず、発狂しそうになって固定電話を３つ壊したこともあります。今振り返ると鬱だったんだろうと思いますが、金縛りになったり、布団から出られなくなったり、どうにか出社しようとしても家から駅までにある坂道を下りられなくなったりした経験もあります。

今、読んでくださっているあなたも、きっとたくさん悩んでいますよね。そして、「しんどいけど、でもやっぱり結果を出したい」「自分はどう頑張ればいいか知りたい」と、この本を手に取ってくださったのではないかと思います。

◆

はじめまして。株式会社営業ハックの笹田裕嗣と申します。私が代表を務める営業

ハックでは、「営業の悩みを0にする」をミッションに掲げ、営業代行や営業研修といった企業の営業支援事業を行なっています。

営業支援会社の社長で、「日本一の営業を決める大会『S1グランプリ』優勝」という肩書きだけを見ると、順風満帆に思われるかもしれませんが、決してそんなことはありません。むしろ何度も挫折してきました。

初めての営業は、法人向け飛び込み営業のアルバイト。高校までずっと野球部で体育会系の私は、気合と根性でどんどん成約がとれました。そこで自信をつけて次にテレアポバイトに挑戦しましたが、2ヶ月で2アポしか取れずクビ。新卒入社した会社では史上最速でMVPになったものの、社会人3年目には売上0で社内ベンチャーを大失敗させました。転職した会社で最短目標達成を実現しましたが、その後起業したスタートアップは3年で廃業……と紆余曲折だらけです。

◆

営業って大変で、つらいことも多いです。私は営業を楽しめとか、好きになれとは言いません。

毎月のように営業に関する書籍が生まれ（この本もその1つですが）、あれだけ営業本が本屋にずっと並び続けているにもかかわらず、世の中の営業の悩みはなくなっていません。営業における学びや気づきは書籍に限らず、YouTubeでもＳＮＳでもネットの記事でも、無料でたくさんのコンテンツに触れることができる時代になった今でも、やっぱり多くの営業パーソンは営業で悩んでいるんです。

だからこそ、弊社のミッションは「営業の悩みを0にする」なのですが、意識しておきたいのは「一時的なテクニック」や「1つ、2つのスキル」じゃ、営業の成果は変えられないということです。

営業力とは「売れる習慣」を持つことだと私は考えています。安定して売り続けられる営業は、成果を出せる習慣が身についています。あなたが営業に悩んでいるのであれば、トークよりもツールよりも、まずは成果を出すために必要な良い習慣を見つけることと定着させることが大切です。

あなたが、「頑張っているのに結果につながらない」と悩んでいるのなら、実は頑張るポイントを間違えているのかもしれません。売れる営業は、優先順位を見極め、常に成果につながる行動をしています。

立場を問わず、すべての営業に必要なのは、自分自身をマネジメントする＝やるべきことを選定・判断するスキルです。本書では、成果のために「今、何をすべきか」を正しく判断できるようになるためにやるべきことを、６つのマネジメントスキルに分けてお伝えしています。

また本書では、「何から始めればいいのかわからない」という人のために、「今日やること」を提案しています。順番にやってみたり、とりあえず気楽にやれそうなものを選んでみたり、どんな形でもかまわないので、まず始めてみましょう。振り返りができるスペースを用意しているので、やってみた結果や感じたことをメモすることもできます。

1日1つずつ「売れる習慣」をぜひ試してみてください。そして、あなた自身や自社の方針、扱う商材に合う、成果に合うものをぜひ見つけてください。

もう一度、この本を読み進める前にお伝えさせてください。営業は「結果が出たら楽しい」です。逆に結果が出ないと楽しみが続かないのが営業です。楽しむために、結果を出せる自分を見つけてください。

笹田裕嗣

2024年3月

営業がしんどい◎目次

はじめに

第1章

どうして営業がうまくいかないのか

第4章

結果を出すための種をまき育てる

タイミング（チャンス・機会）マネジメント

第5章

タイムマネジメント

時間に対する正しい意識を持つ

第6章

データマネジメント

自分の営業を数字で振り返る

第7章

商談マネジメント

商談の基本ステップを着実に進める

第8章
「困ったときにそこにいる」営業になる
体調&モチベーションマネジメント

カバーデザイン／沢田幸平（happeace）
本文ＤＴＰ／一企画

第1章

どうして営業がうまくいかないのか

営業がうまくいかないのは当たり前

営業の仕事は「コミュニケーション職」だと私は定義しています。自分の言葉で、振る舞いで、相手の行動を変え、未来を変える仕事だからです。

士業のように資格がなくてもチャレンジでき、エンジニアやデザイナーのように特定のツールやスキルがなくても今日から始められるのが営業です。もちろん、今日始めて今日売れる、今日からお客様の役に立てるという簡単なものではありませんが、日常の延長線上でスタートできるのが営業の仕事なのです。

例えば、今自分が大好きなものを、家族でも、友人でも、誰でもかまいません、おすすめしてみてください。

月　日　振り返りメモ

☐ やってみた

☐ できなかった

「この映画は主演俳優の演技力がすごいからぜひ見て！」
「あの店のラーメンは貝だしのスープが絶品だから食べてみてよ」
「疲れているときにはこのマンガがいいよ。すごく癒される」

これは十分に営業といえます。営業職は誰にでもできる、というのはこういった背景からです。実は、誰でも普段から営業をしているのです。

ただ、「営業」はできても、「営業で成果を出せるかどうか」は別の話です。
なぜなら、日常生活ではそんなに多くの人にお願いをすることはないからです。さらに、先ほどのように自分の好きなものを誰かにおすすめするというのは、友人や知人など知り合いに対してがほとんどです。しかし営業では、昨日まで赤の他人だった人、この仕事をしていなければ出会うことがなかったまったく価値観や考え方が違う人に、働きかけることになります。こんな非日常なことはありません。

「営業で成果が出ない」

今日これやる　まずは何でもいいので「今日絶対にやること」を３つ決めてください。そして、それを必ずやりきりましょう。

これは日常生活の延長で、自分が話しやすいように、やりやすいように営業しているからです。それでは成果が出ないのは当たり前なのです。

学生時代を思い出してみてください。わざわざ嫌いな人、苦手な人と話すように心掛けることってありましたか？　席替えで苦手な子が隣になってしまうことがあっても、休み時間になったら、仲の良いグループで集まって、おしゃべりしたり、ゲームをしたり、外で遊んだりしていませんでしたか？

基本的に人は自分の居心地の良いところで生活をしています。自分と価値観や考え方が似た人同士が集まって、もしくは共通の目的を持った人が集まって、日常を過ごしています。営業の仕事のように、不特定多数かつ自分のことを好きか嫌いかがお互いわからない相手とコミュニケーションを取ることは、日常生活ではあまり発生しないのです。

年齢を重ねれば重ねるほど、どんどん自分のコミュニティは固定化されていくので

月　　日　　振り返りメモ

□ やってみた

□ できなかった

これは顕著です。学生時代のように、クラス替えも席替えも、進学や進級もありません。時間が経てばコミュニティは自然に変わる、ということはないのです。

だからこそ、営業用のコミュニケーションの取り方、コツを押さえておかなければ、成果が出ないまま、あっという間に時間だけが過ぎてしまいます。そのことをぜひ覚えておいてください。

今日これやる

明日期日のものがあれば、今日やりましょう。期日１日前行動の癖をつけてください。

売上だけを目的にしているから

　どんなに売り方を工夫しても、ツール選びを工夫しても、やるべきことは顧客貢献と売上創出の両軸同時達成です。ここが売上だけが目的になってしまえば、そこには顧客へ貢献したいという意欲も、社会やマーケットを良くしたいという使命感も、プロダクト・会社への愛情もない、単なる売上・受注獲得マシンと化してしまい、商品を売るのではなく、自分の心を売る営業ができ上がってしまいます。

　私も商品にまったく自信はないけどとにかく売るという経験をしてしまったことがあります。これは今でも大後悔しているのですが、結果的に病みました。この商品はダメだとわかっていて、お客様の役に立たないこともわかっていて、予想通りクレームになる。ネガティブな未来が見えているなかで、相手に嘘をついたり、情報を盛っ

月　　日　　振り返りメモ

☐ やってみた

☐ できなかった

たりして売り込めば売り込むほど、最初は錯覚・勘違いをして売れていくのですが、商品の現実に気づき、それでも売り続ければ、どんどん自分が壊れていくのです。

成果報酬型の商品・サービス以外は、基本的にお客様には先払いや契約書で支払いを約束してもらう形になります。「契約を結んだんだからお金を払ってください」ということが言えてしまうのが、ある種営業の怖いところです。こういったことをくり返して、どんどん自分の心を蝕むことはぜひやめてください。

営業は未来を売る仕事です。だからこそ、まずは自分が納得している商品を、納得して使ってもらえる相手に売ってください。それだけじゃ目標に未達になるという方もいると思います。しかし〝まずは〟ここが営業のスタートです。

今日これやる

「だと思います」「たぶんそうです」「かもしれません」「だと考えています」はやめて、「です」「ます」でトークを終えましょう。言い切る癖をつけて自信を持って話してください。

想いを伝えず商品の説明だけをしているから

自分の納得感はちゃんとお客様に自分の言葉で伝えてください。**「今このタイミングで、あなたに、この商品を私から買ってほしい」という想いをちゃんと伝えてください。**逆に、これらを伝えるつもりがないのであれば、それは単なる商品説明なので、動画を撮って、商品説明動画のURLを送ってあげた方が、相手は満足してくれるはずです。それは「無駄な時間を過ごさなくて済んだ」という満足です。

今は便利なツールがたくさんあります。アバターが説明したり、VRなどで仮想体験やシミュレーションしたりということもできます。営業が人でなければいけない理由はどんどんなくなっているのが実情です。商品の比較検討、情報収集、他社情報のリサーチなど、やろうと思えば、ネットとSNSで十二分にできてしまいます。

月　　日　　振り返りメモ

□ やってみた

□ できなかった

やっとの思いで商談の機会をいただいたお客様は、すでに自社の商品やサービスを知っていることも多いのです。

そんな現状を理解できていない営業は、お客様がすでに知っている情報であっても、相手は知らない・わからないと決めつけて、テンプレート通りの営業を行ない、お客様の商談満足度がどんどん下がっていくのです。

「話していて疲れる」「わざわざ時間を空けたのにこのレベルの話」と感じた相手に、お金を払ってまでお願いしたいことはありますか？　当たり前ですが、ないですよね。

お客様が求めているのは説明ではありません。提案です。

人は基本的に考えること、決めることが苦手な生き物です。できたら考えずに、決めずに、平穏に生きたいのが本音です。けれど人間には欲があり、だからこそ葛藤が生まれ、変わりたい・変えたいが生まれるのです。この相手の葛藤を行動に変えることが営業の役割であり、単なる「説明する人」では、営業の役割を全うしていないのです。

今日これやる

「空いているお時間ありますか？」ではなく「個人的にぜひお話ししたいので、明日◯時か明後日の□時、奇跡的に空いていませんか？」と聞いてみてください。

「売る相手」と「売る時期」を間違えているから

視力が2・0の若者には、どんなにおしゃれでも老眼鏡は売れません。ハイスペックな最新型でコスパのいい冷蔵庫も、先週買い替えたばかりの人には売れません。つまり、売れない営業のほとんどが「売る相手を間違えている」「売る時期を間違えている」に尽きるということです。

この本を買って読んでくれているあなたは、きっと「頑張っているのに成果が出ない」「もっと営業力を身につけたい」と日々悩んでいると思います。

- もっとプレゼン力を上げて、成果を出せるようになりたい
- 商談数を増やさないといけないので、テレアポのコツを知りたい

月　日　振り返りメモ

□ やってみた

□ できなかった

- ロジカルシンキングやクリティカルシンキングを学び、企画力を高めたい
- そもそも話すのが苦手だから、コミュニケーション能力を高めたい

私のＳＮＳにもこういったご相談やおすすめ書籍の質問をいただくことが多々あります。もちろんどれも大事なことで、営業をするにあたって身につけておいた方がいいことばかりなのは間違いありません。

しかし、**営業スキルがどんなに高くなっても、「いつ・誰に売るのか」を間違えてしまうと、意味がない**のです。

「ターゲット」「タイミング」の見極めについては第３章・第４章で詳しくお伝えします。

今日これやる

今日はとにかく即レスしてください。「確認します」「後ほどご連絡します」の一言でもいいんです。相手がまずほしいのは回答よりも反応です。

苦手なやり方で成果を出そうとしているから

目標の達成方法には自由度があります。もちろん会社から細かく指示を出すマネジメント方法の会社もありますが、ここでは裁量、つまり自分で決めることができる余白があるという前提で少しお話をさせてください。

例えばアポイント獲得方法だけでも、テレアポ、飛び込み営業、DM、FAXなどさまざまです。各営業活動において分解していくと次のように整理できます。

▼リストアップ方法（営業リストの作成）

・リストアップツール（リスト購入）

・電話帳

月　　日　　振り返りメモ

□ やってみた

□ できなかった

- 法人番号検索
- 求人サイト
- 自社保有リストのチェック（名刺一覧など）
- 展示会やイベント出展企業
- 商工会やコミュニティ参加企業
- SNSリサーチ（X（旧Twitter）、Facebook、LinkedInなど）
- ネットリサーチ（Google検索）
- 書籍（『会社四季報』など）

▼ターゲティング

～法人～

- 業種
- 地域・エリア
- 売上規模
- 従業員規模

今日これやる

メールの送信前、一旦止まって不自然な改行がないか、文末・語尾に同じ表現が続いていないか確認してみましょう。

・資本金規模
・拠点数
・SNS使用状況
・展示会出展状況
・メディア・媒体掲載状況
・社長年齢
・ステークホルダー　など

〜個人〜
・地域・住所
・年齢
・性別
・家族構成
・職業
・世帯年収

月　日　振り返りメモ
□やってみた
□できなかった

- ライフステージ　など

▼**リード獲得方法**

- テレアポ
- 飛び込み営業
- ダイレクトメール
- メール営業
- FAX営業
- 資料請求サイト掲載
- ホームページ・オウンドメディア運営
- Web広告（リスティング広告など）
- 交通広告（電車中吊り広告・タクシー広告など）
- 屋外広告（OOH：看板・デジタルサイネージ・ラッピングカーなど）
- SNS投稿
- SNS広告

今日これやる

オンライン商談時、お客様とつながる前に背景や写りを見直してください。顔写りが暗くないか、見下ろす角度になっていないか、不要なものが写っていないか、確認しましょう。

・展示会出展
・メディア掲載
・オフラインセミナー開催
・ウェビナー開催

▼アポイント獲得方法
・テレアポ
・飛び込み営業
・FAX営業
・メール営業
・SNS広告
・ウェビナー・セミナーでのアポイント打診
・展示会でのアポイント打診

▼関係構築活動（リードナーチャリング）

月　日　振り返りメモ

□ やってみた
□ できなかった

- 定期訪問（訪問営業）
- オンライン商談
- メールマガジン
- ホワイトペーパーの提供
- ウェビナー・セミナー
- 交流会・勉強会
- SNS投稿
- 電話での情報提供
- メールでの情報提供

▼**コミュニケーション手段**

- 対面商談
- オンライン商談
- メール
- 電話

今日これやる

26～32ページで紹介している方法の中から、リストアアップやアポイント獲得で普段自分がやっていないものを、なにか１つ試してみてください。

・SNSのDM
・チャットツール（Slack・チャットワークなど）

▼契約締結手段

・書面締結
・電子締結
・メール・チャット等での締結
・その他書面締結
・口約束

営業はこれだけの手段、手法の組み合わせで最終的にお客様からの「買う」という決断と「支払い」という入金がいただけるということです。営業の大変さ、難しさがわかっていただけると思いますし、昨今の営業のトレンドである「営業の分業制」を企業が敷く理由もここにあります。

月　日　　振り返りメモ

□ やってみた

□ できなかった

ちなみに営業の分業制とは「マーケティング」「インサイドセールス」「フィールドセールス」「カスタマーサクセス」と営業を4つに分解し、営業の役割を明確に絞り込む組織営業方法です。

マーケティング：見込み客集客・関係強化
インサイドセールス：商談機会獲得
フィールドセールス：受注獲得
カスタマーサクセス：既存顧客対応

本当はもっと奥深いですが、シンプルにまとめるとこのように分けられます。

組織内で営業の役割を分担しているのだから、一プレイヤーにとっても得手不得手があって当たり前です。

「アポイントを増やすことはできる。けど、私はテレアポや飛び込み営業は苦手だ

今日これやる

自分はどんなやり方が得意なのか、不得意なのか。苦手な方法でやみくもに頑張っていませんか？　これまでを振り返って、まずはそこを見直してみましょう。

からＳＮＳを使ってアポイントをいただいています」というインサイドセールスをやっている社会人1年目の女性がクライアント先にいます。

逆に、「ＳＮＳとかＷｅｂはさっぱりわからないし、直接会うのが好きだから飛び込みバンバンやっています」という40代の女性もいます。

「とにかく最短最速で成長・成果を出したいので、まずはテレアポで毎日１２０コール掛けます」というインターンの男性もいます。

この３人の誰が正解か不正解かはありません。組織のルールを守り、上司の承認を得た上で（ここは外してはいけません。会社・組織のブランディング・戦略があるからです）、自分にあったやり方を見つけ、最終的にしっかりと目標達成ができていれば、やり方はいくつもあるということをぜひ知っておいていただきたいのです。

だからこそ、**自分が得意なアプローチ、苦手な営業方法やツールを知るということは、営業で成果を出すためにもとても大事なこと**なのです。

そして、**わざわざ苦手なことややりたくないことをやらなくても、違った方法がある**ということを覚えておいてください。

月　日　**振り返りメモ**

□ やってみた

□ できなかった

ただ、これまでの先人の知恵や経験の中から、商材や営業したい相手によっての最適解が出ていることもあるので、「自分は今何をすべきか」からまずは考えてみてください。

営業ハックは地方の老舗企業の営業代行をさせていただくことも多いのですが、飛び込み営業だと各お客様先への距離が遠すぎて営業効率が悪い。Ｗｅｂ広告やＳＮＳだと、お客様の反響がまったく出ない。けど、テレアポだとアポ率が５％を超えるということも少なくありません。自分のやりたいやり方をやって成果が出ない、とならないようにだけ気をつけてください。

今日これやる

テレアポでも商談でも、今日は必ず「時間をもらったこと」へのお礼を伝えましょう。

営業成果の方程式

基本的に、営業が追い求めているのは「売上」です。社長以外に会社の中で直接お金を生み出せる存在は営業しかいません。だからといって高飛車に偉ぶることは間違っていますが、この役割にはもっと誇りを持つべきだと私は思っています。

会社にキャッシュをもたらすことができ、お客様や社会の問題・課題・困りごとを解決できる仕事が営業です。そんな営業の仕事の1つの評価ポイントである「売上」を公式で表してみます。

売上＝アプローチ数（量）×成約率（率）×顧客単価（質）

ポイントは「どれか1つが0なら売上は0」「どれか1つでも数字を伸ばすことが

月　日　振り返りメモ

☐ やってみた

☐ できなかった

できれば成果は伸びる」ということ。この2点を忘れないでください。

営業タイプごとのアプローチ

この前提の上で、成果を出す営業パーソンのタイプを整理しておきましょう。

▼タイプ①気合い・根性突破タイプ

昔の私です。とにかく**活動量で問題を解決するタイプ**です。今の時代の働き方としては難しいこともありますが、成功率や単価が低くても、とにかくアクティビティ（活動量）で受注数を増やして目標達成まで持っていく営業です。

そこまで動ける営業は稀有な存在ですし、モチベーションや体力などのセルフマネジメントも重要なため、このタイプは重宝されます。一方で、率や単価の低さを量でカバーするということは、お客様の数も多くなり、顧客のフォローやカスタマーサクセスに手が回らなくなるなどの弊害があることも頭に入れておくべきポイントです。

今日これやる　先月の自分の成績を見返してみましょう。ざっくりでもいいので、「量」「率」「質」のどれが高い・低いのか確認してみてください。

▼タイプ②効率重視タイプ

アポ率、成約率など、**確率の高さを売りにする営業**です。周りから見るとてもスマートな営業です。

営業を進めるにあたって、「負け戦に臨まない」という考え方があります。勝率だけを徹底的に追いかけるのであれば、負ける可能性がある試合に出なければいいのです。既存のお客様や関係が深いお客様だけに営業先を絞り込み、そこからの発注をいただける方法をとにかく模索するのが一番効率が良いのは事実です。

一方で特定の顧客依存になってしまうなど、何かあったときのリカバリーが難しいケースもあります。ただ、ターゲットをしっかりと絞り、確率が高い営業をするという発想やこの確率を上げるためのデータ活用も現代の営業の典型といえます。

▼タイプ③一本釣りタイプ

これは**顧客単価が高いアプローチ**です。受注数自体は少ないものの、1件の契約からいただける売上が高い営業です。当然ながら、高いお金を支払うとなれば、お客様自身も警戒心や不安感がどんどん高まっていきます。単価の高さと不安の強さは比例

月　　日　　振り返りメモ

□ やってみた

□ できなかった

するということです。

その相手の不安や懸念、マイナスな気持ちを乗り越えてもらうためには、丁寧なコミュニケーションと高いお金を払うだけの価値ある提案が不可欠になります。

お客様は、価値と安心の両方があってはじめてお金を払います。どんなに良い商品であったとしても、相手がそれを理解し、納得し、安心していなければ、何百万、何千万、何億というお金を払う決断はできません。

広告や営業資料には良いことが並んでいて、お客様自身も「これはすごい」「これは素敵」と思っても、本当にちゃんとやってくれるのか、納品してくれるのかが不安では、最後に契約書にサインをするという決断ができないのは当たり前なのです。

高い買い物をしてもらうためには、価値と安心を提案するという非常に難しい営業をしなければなりません。営業のハードルは高いものの、1件決まったときの売上が大きくなるのが、このタイプの営業です。ただ、商品やサービスの設計によっては、顧客満足を上げるためのアプローチができないという会社や営業部門も存在します。

今日これやる　あなたの営業活動で「量」「率」「質」をさらに伸ばす・改善するにはどんなことができるか、小さなことから大きなことまで洗い出してみましょう。

▼タイプ④バランスタイプ

これは文字通り、**全体的にバランス良く数字を高めていくアプローチ**です。ただ、営業改善のコンサルティングや営業代行の事業をやっている私だからこそ特に強く感じますが、同時に複数の数値を改善することは難しいです。「量を増やしながら率を上げる」「確率を高めながら単価を上げる」などは特に難しいです。

「量を増やす＝受注数を増やす」ということはそれだけアプローチの量も増やさなければなりません。自分のこれまでの勝ちパターン・勝ち筋が機能するかどうかは、

営業先×アプローチ方法

で決まります。どんなに良い営業手法であっても、営業する相手が変われば成果が出るかどうかはわからないということです。

例えば、今使っている営業ツールやスクリプトは都内の製造業・メーカーに対して営業をするのに使っていて、アポ率5％・成約率20％だったとしましょう。これをそ

月　日　振り返りメモ

□ やってみた

□ できなかった

のまま営業対象をＩＴ業界に変えた場合、同じ成果が出るでしょうか？わかりませんよね。また、アプローチ方法はそのままで、かつ製造業へのアプローチも継続、しかし企業の所在地を都内から北海道に変えるとなったら、これもまた同じ成果が出るか否かはやってみないとわからない部分が大きいのです。というよりも経験上同じ数字は出ません。

また「確率を高めながら単価を上げる」も同様で、単価を上げるというのは営業の難易度が上がります。お伝えした通り、高い買い物には相手の不安がセットでついてくるからです。つまり、営業の難易度が上がる＝成約率が下がる傾向を踏まえた上で、価格設計・提案戦略を考えなければいけないということです。

同時にすべての数字を上げるのではなく、今月はアプローチの量を増やし、来月はその傾向から率を上げていく。さらに受注をいただいたお客様から課題感や今後の計画をしっかりとヒアリングし、契約中のお客様からの単価アップや新規提案ではそういった現場の声を踏まえた提案を行ない単価アップを狙う、というようなバランスを

今日これやる　これから３ヶ月間、「量」「率」「質」の、どのポイントを毎月改善していくかスケジュールを立ててみましょう。

考えた営業戦略・スケジュールを組むことが重要になります。

ちょっと小難しくタイプを考えてみましたが、つまり1000万円の売上を作りたいとき、そのためのアプローチは何通りもあるということです。ここで例に出した1000万円は、自分自身の営業目標だと考えてみてください。それが100万円の人もいれば、1億円の人もいると思います。ただ大事なポイントは「いくらか」だけで考えるのではなく、「いつまでに」の期日をセットで考えることです。

1000万円を今日中に作らなければいけない人と、1000万円をあと1年（12ヶ月）かけて作る人とでは、当然動き方はまったく異なります。営業とは、当たり前ですが、ビジネス活動の一環です。ビジネスにおいて「いつかできたらいいな」は基本的になく、「○○を達成する」「○○というビジョン・ミッションを実現する」ために、人が集まり、有機的につながりあって、会社を構成しています。「できたらいい」ではなく「やる」という姿勢が大事ということです。

第2章

営業で成果を出すために必要なこと

営業成果は習慣が9割

研修やセミナーでよくお伝えしている言葉があります。「営業は習慣が9割」です。「○○は□□が9割」という表現は、その分野やテーマにおいて、最も重要なものは何か、結果に大部分のインパクト・影響を与えるものは何かということですが、営業においてそれは「習慣」です。

反論はあると思います。営業で大事なこと、成果を出すために一番大事なものは何か？　と尋ねれば、

・営業はヒアリングが最重要
・営業は最後売り込むんだから、クロージングのスキルが不可欠

月　　日　　振り返りメモ

□ やってみた

□ できなかった

など、色々な意見が出てくることでしょう。もちろんそれらも大事なことには変わりありません。

しかし、一時的に売上を伸ばすことは意外と簡単にできますが、営業として**より重要なのはその成果を継続できるか否か**です。この**成果の安定性・継続性を高めるためには、「売れる習慣」を身につけていることが最も肝心**なのです。

人との関係性は習慣で決まります。「人は見た目が9割」といわれますが、これは第一印象を決める要素は、視覚情報（目から入ってくる情報）である見た目と、聴覚情報（話し方や声などの耳から入ってくる情報）で9割が構成されるという、メラビアンの法則に基づくものです。話の内容よりも見た目や声や話し方の雰囲気で印象が決まってしまうということを意味しています。

また、人間は思い込みの生き物なので、第一印象で「この人いいな」と思えば、その人の話す内容は良いものだと思って聞きがちです。逆もまた然りです。

今日これやる　靴、磨いてますか？　まずは今日から３日間、毎日磨いてください。

だからこそ、営業をされている方であれば、第一印象は誰しもが大事にしていると思います。上司や先輩から「第一印象は大事にしろ」「身だしなみを整えろ」と言われた経験がある方も多いと思います。

私が千葉の田舎っ子だった新卒1年目のとき、最初に上司に言われたことは「メガネをやめろ。ワックスつけろ」でした。実際にメガネを外して営業を始めたら、その日に受注をいただけたのは衝撃でした。本当に見た目って大事なんだと痛感した私の経験です。

そして習慣の話からなぜ第一印象の話をしたのか。それは、第一印象の9割を占める見た目や声の印象は、まさに習慣の賜物だからです。清潔感は普段から自分の身だしなみに気を配り、自分が周りからどう見えているかをちゃんと認識していれば、相手から好印象を持ってもらうことができます。

ほとんどの営業パーソンは、良い習慣を身につける意識がなく、一時的なトークや質問の仕方など、「何を話すか」ばかりに意識がいってしまっているのです。

月　日　振り返りメモ

□ やってみた

□ できなかった

しかし、お伝えした通り、何を話すかの前に、誰が話すか、見た目や声の印象が９割なのです。見た目や声の印象、話し方で失敗している人は、どんなに良い内容を準備していたとしても、そもそも営業の土俵に上がれていないことがあるのです。

良い習慣を持つことが未来の自分を助ける

営業は良質な習慣を持っていれば、成果を変えることができます。良い習慣は、身につけるまでには時間がかかります。けれど**一度身につけてしまえば、それはあなたにとって当たり前の行動や考え方となり、長きにわたり自分を救ってくれる武器になります。**

今日の成果は過去の積み重ねの産物です。今日めちゃくちゃ頑張ったから受注や売上が爆増するなんてことは、営業では奇跡に近いです。

例えば、弊社のような営業代行やコンサルティングで、一度のご契約で数百万円を法人に決裁していただくとなると、たとえ相手が社長であったとしても、「初めまして。

今日これやる

スーツ・シャツ・カバンは汚れていないか、ほつれていないか、しわだらけになっていないか？　チェックしましょう。

こんにちは。契約します」とはなりません。

初回の商談を行ない、相手が他社との比較や社内状況の把握、関係各部署との調整などを行なって、そこからまたいくつか質問や課題が生まれ、それらを解消し、乗り越えて初めて成約につながっていきます。商材にもよりますが、初回の商談から契約締結まで長ければ数ヶ月〜1年かけるものもあります。

さらに、商談の機会をいただくアポイント獲得活動だって、今日のアポは過去の自分の頑張りやテレアポチームやインサイドセールス部隊の努力の上に生まれていることを忘れてはいけません。アポも受注もこれまでの積み重ねから生まれた結果です。単価の高い受注も、会社がプロダクト・サービスを作り、会社としての信頼値を高め、そしてあなた自身がお客様との関係をここまで高めてきたからこそ、高いお金を払ってでも御社に、あなたにお願いしたいと言われた結果なのです。

月　日　振り返りメモ

□ やってみた

□ できなかった

戦略を立てて営業する

営業の話をするときによく話題に上がる、「質と量はどちらが大事なのか」。結論は、「どちらが」という議論ではなく、「どちらも」大事です。というよりも、この手の二択論争のほとんどが「どちらも大事」なので、こういった点で悩むのはもったいないです。ほかには、

・ヒアリングなのか、プレゼンなのか
・気合いなのか、ロジックなのか
・仕組みなのか、人なのか
・関係構築力なのか、企画力なのか
・対面なのか、オンラインなのか

今日これやる

移動中に汗だくになったり、風で髪の毛がボサボサになってしまったり……。お客様の会社に入る前には毎回身だしなみをチェックしてください。大丈夫だと思っていても、意外と乱れてますよ。

・営業なのか、マーケティングなのか

なども議論になりがちです。

これらはすべて、どちらが大事かではなく、バランスをしっかりととることが大事なのです。どちらかに依存している状態は、うまくいかなかったときの選択肢や対策が限られてしまい危険です。できる営業ほど、うまくいかなくなったときの準備を常にしています。

営業戦略の考え方

営業が売るために基本的に考えることは「いつ」「誰に」「何を」「どうやって」売るかです。例を挙げます。

いつ：3月の年度末のタイミングで
誰に：決算期の従業員50名前後の製造業に

月　日　振り返りメモ
□ やってみた
□ できなかった

何を：研修サービスを
どうやって：訪問なしで

このタイミングなら、「予算消化で」「来期のため」というアプローチが1つの手法でしょう。かつこのタイプの商材であれば新規開拓よりも既存のお客様にアプローチをした方が、確率が良さそうという判断ができると思います。

しかし、既存の取引先が無限にいるわけではありません。まして「年度末」という期間限定のアプローチであれば、４月以降は次の打ち手を準備しておかなければいけません。

違う例で考えてみましょう。

いつ：４月〜６月の今四半期
誰に：これまで受注実績のあるＩＴ企業に
何を：求人媒体を
どうやって：手段問わず（訪問、オンライン、電話、メールなど）

今日これやる

今、目指さなくてはいけない目標を達成するために、「いつ」「誰に」「何を」「どうやって」アプローチするのか整理して戦略を立ててみましょう。

ＩＴ企業といっても多数あります。企業の与信管理サービスを手掛けるリスクモンスター社の調査によれば、ソフトウェア業、情報処理・提供サービス業を合わせた企業数は9万社を超えるそうです。これだけの会社すべてに同時にアプローチすることはできません。やらなければいけないことは、より細かく分類、セグメントを分け、優先順位をつけることです。

まず、求人媒体を売りたいということであれば、当然「採用ニーズ」がある会社にアプローチをすべきです。採用ニーズの有無は、他社の求人媒体に掲載されていたり、ハローワークで募集が出ていたりすれば、採用する意向があることがわかります。会社のホームページを見たら、採用サイトやページが出ているかもしれません。

ほかにも現在取引をしているお客様の声やニュース、地域や企業の属性などから傾向が出せるかもしれません。「都内の同規模の会社が採用強化を進めており、商談相手のお客様も注力する可能性がある」「地元の有力企業が自治体の大規模案件を受託

月　日　振り返りメモ

□ やってみた

□ できなかった

し、現状とは違った業務が発生する可能性がある」など、予測を立て、セグメントを分けることで、営業効率を上げられる可能性があります。

営業は常に、ＰＤＣＡを大なり小なり高速で回転させることが重要です。ここでの「大」とは戦略や戦術部分、「小」とは実践・実行部分です。

営業における戦略とは、目標を達成・実現するための方針や指針です。「誰に」「何を」売っていくのか、新規メインなのか、既存のお客様からアップセルやクロスセル、継続発注をいただくことに注力するのかなどを決めることが戦略です。営業戦術は具体的なお客様へのアプローチアクションを明確に定めていきます。

営業戦略は大局的に中長期的な動き方を定め、それをより局地的に絞ってアクションを定めるものが戦術になります。

今日これやる

考えた戦略の他に、別の「どうやって」はないか、もう一度考えてみてください。考えたことを一旦寝かせてみると、案外また別の視点の戦略を思いついたりするものです。

「売れる習慣」を作るためのスキル

戦略・戦術の話が長くなりましたが、なぜこの話をしたのか。それは、自身の動きの優先順位を定める・見誤らないようにするためです。

マネジャーやプレイヤーという立場を問わず、**すべての営業に必要なのは「マネジメントスキル」**だと私は考えています。**成果に近いアクションを明確にし優先順位を定め、実行する**ということです。これはマネジャーだけでなく、プレイヤーにおいても求められる動きであり、やるべきことです。

ドラッカーは、マネジメントを「組織を機能させること」と定義していますよね。営業組織における「機能している状態」とは、シンプルに言えば「成果が出ている」

月　日　振り返りメモ

□ やってみた

□ できなかった

状態です。もう一歩踏み込んで言えば、「成果を出し続けている状態」を作り出せているのが理想です。営業における成果は、目標達成です。

マネジャーは部下という「ヒト」、ツールなどの「モノ」、予算である「カネ」という経営資源を管理・活用する立場なので、イメージがしやすいですよね。ただプレイヤーも同様に、「時間」「情報」というリソースを有しています。自分という経営資源を最大限活用し、成果を最大化し、目標を達成することが役割であり、自身に課せられた職務であり、責任です。だからこそ、マネジメントスキルは全員が持つべき必要なスキルなのです。

今日これやる

周囲で「この人は売れる営業だ」と思う人はどんな習慣を持っているのか、ぜひ観察してみてください。そして、ぜひ真似してみましょう。

優先順位を間違えない

では、具体的に何をマネジメントすればいいのか、をしっかりと理解しておきましょう。

キーワードは「**優先順位**」です。

多くの営業は当然ながら「もっと成果を出したい」「早く目標を達成したい」「安定して目標達成できるようになりたい」と思っているはずです。この本を読んでいただいているあなたももちろんその1人だと思います。

ちょっと自分の周りの同期や先輩、営業パーソンを思い浮かべてみてください。こ

月　日　振り返りメモ

☐ やってみた

☐ できなかった

んな人はいませんか？

いつも遅くまで残って頑張っているあの人。
朝も早く出社して、メールを送ったり、提案書を作ったり、
日中も忙しそうに電話をかけたり、お客様先に出かけたり、
誰に聞いても「いつもあの人は一生懸命だよね」と評判のあの人。

にもかかわらず、周りの評価とは裏腹に成果はまったく出ていない人です。

私がまだ会社員だった頃、そんな部下がいました。そんな彼に投げかけた質問はこれです。

・今日の訪問先に何をしにいくの？
・今日の商談の理想のゴールって何？
・今アプローチしている営業リストって、何でここに掛けてるの？

今日これやる　朝一で、今日やろうと思っていることの優先順位を決めてください。そして、退勤前にはその優先順位で本当によかったか確認しましょう。

・今提案中のお客様って、何がネックで検討が止まっているの？
・最近の商談がなかなか決まらない理由って何だと思う？
・自分がお客様の立場だったら、その提案お金を払ってでも買う？
・そもそもだけど、テレアポがベストな営業手法なの？
・今週の目標って何？
・今日マストでやらなければいけないことって何？　その理由は？

上司と部下の会話で「詰める」という言葉がありますが、この質問だけ拾ってしまうと、きっと詰められている嫌な場面をイメージされた方が多いと思います（残念ながら、そのイメージ通りの場面が繰り広げられておりました……）。

自分が逆の立場なら絶対に嫌と思う場面なので、今はこんなことはしていませんし、正直当時からしたくはありませんでした。

上司：どう？
部下：いい感じです！

月　日　振り返りメモ
□やってみた
□できなかった

上司：ＯＫ！　じゃあ、頑張って！
部下：はい！

というのが上司と部下の理想の会話ではないでしょうか。ただほとんどの上司が部下の「いい感じです！」を信じていません。なので、詰めてしまうんですよね。結果的に「あの案件どうなった？」「これ、本当にこの日までにいけるの？」「契約書、月末までに回収してこいよ」と、どんどん細部のチェック、監視が入ってしまうのです。

これらは、なくてもいいコミュニケーションです。ちゃんとツールや共有ができていたら、そもそも上司は聞かなくていい質問であり、確認だからです。そして、部下自身にとってはストレスが大きく、うまくいっていない場合はいかにごまかすか、その場を乗り切るかということばかり考えてしまう、価値提供には一切つながらないやり取りだからです。

それでもここまでやらなければいけない背景は、マネジメントスキルのなさに起因

今日これやる
今日の行動予定の目的や理由を１つずつ自分に問いかけてみましょう。「あれ？　これってあんまり成果につながらないかも……」と感じるものがあれば思い切って後回しにして、他のことを優先してみてください。

するのです。

今、やるべきことを正しく見極めるためのマネジメントスキル

頑張り方を間違える＝優先順位を間違えているという前提をしっかりと頭に入れておいてください。基本的に営業やビジネスにおいて、思いついたアイデアや取り組みはすべて「やった方がいい」ことではあります。

ただ、「すべてやった方がいい」というのは、リソースが無限にある組織だけです。そんな組織は存在しません。お金も時間も溢れかえっていて、とりあえず何でも全部やりましょう、という組織ということですが、こんな経営をしていたら会社は破綻します。

また、そもそも1日24時間、1週間は7日、1ヶ月は30日しかなく、時間は有限です。旧態依然な体育会系の働き方は、この前提を無視し、いつでもどこでも会社や上司から与えられた指示は何事を優先してでもやるべきだという世界でしたが、今そんなことをすれば完全にアウトです。

月　日　振り返りメモ

□ やってみた

□ できなかった

これまで以上に限られた時間の中で結果を出すことが求められる昨今では、優先順位を間違えることが許されなくなりました。

今の営業に求められているのは、やった方がいいことではなく、やるべきことに集中すること。この選定・判断をするスキルが重要なのです。だからこそ、マネジャーだけでなくプレイヤーにとってもマネジメントスキルは必要です。

商談では、「今何を伝えるべきか」「今日はどの順番で質問を投げかけるか」「どの資料を出すべきか」など、常に判断が求められます。元をたどれば、そもそも今日このお客様に商談すべきなのか、という判断から始まっています。

営業はトレードオフで時間やリソースが使われていきます。あなたが今日15時にA社と打ち合わせをしたら、その時間には他の会社との打ち合わせは当然ながらできません。もしB社と商談をしていたら受注が生まれていたかもしれません。ただあなたはA社との商談を選んだのです。営業は時に無情です。「後でやればいい」では取り

今日これやる

先週「とりあえずやり終えた」「とりあえず間に合った」仕事がなかったか振り返りましょう。その後には調整や修正が必要になり、仕事を早く終わらせようと雑になればなるほど仕事の量は増えます。

返せないことが起こりうるのです。

私が求人媒体の営業をしていたとき、別件でトラブルが起きてしまい、元々予定していたお客様との打ち合わせをリスケ（日程変更）していただいたことがありました。日程変更はスムーズにお客様も承諾してくれて、翌日改めてお伺いすることになりました。

ただその翌日、お客様から電話があり、「ごめん。やっぱり今日の商談はなしでお願い」とのこと。なぜですか？　とお聞きすると、「昨日飛び込みで来た営業さんが、新規キャンペーンで安く使えますってプランくれて、採用も急がないといけなかったし、良さそうだったからそっちにもうお願いしちゃった」という話です。

私はそのお客様が今すぐにでも動きたかったことを理解できていませんでした。後日話を聞くと、その営業が来たのは、ちょうど私と商談を予定していた時間でした。

営業をする側の私の勝手な思いですが、当時の私は「お客様を奪われた」と怒りがふつふつと湧いてきました。しかし、すべての原因は私にあります。自らチャンスを

月　日　振り返りメモ
☐ やってみた
☐ できなかった

手放したという事実を受け入れられるようになるまで、半年かかりました。長すぎますね。

ぜひこんな私を反面教師にしてください。**今、あることに時間を使うということは、他のことに時間を割けないということ**です。それを忘れないでください。意思決定を誤らないためにも、「いつ・何をするか」の優先順位をつける、マネジメントスキルは不可欠なのです。

今日これやる

これから１週間の優先順位を考えましょう。「いつ・何をするか」を具体的に決めてください。毎日終業前に、次の日の優先順位はそれでいいかの確認もしましょう。

自分自身をマネジメントする

営業に限らず、基本的にマネジメントとはリソース管理です。では、営業において何を管理することで成果を確実に手に入れることができるのかを整理しておきたいと思います。

多くの営業は、成果を出すために何をすべきかを考えています。もちろん、このようなアプローチは非常に大切です。しかし、より意識してほしいことが「成果が出ないことをやらない」という発想です。

営業は常に人と対峙し、会話を重ね、コミュニケーションを取ることで、自分の求めている成果を生み出していきます。相手が人ということは、一定の傾向値はあったとしても、常に同じということはあり得ません。同じ人に同じ話をしても、時期やタ

月　日　振り返りメモ

□ やってみた

□ できなかった

イミングによって印象がガラッと変わることがあるぐらいです。

例えばテレアポ。私は電話をかけた際、「この忙しい時に電話なんかしてくるんじゃねぇ」と怒鳴られたことがあります。翌月、勇気を振り絞ってそのお客様にもう1回電話をかけてみました。また怒られるかもと不安を抱きながら電話をかけたところ、アポイントをいただけました。こういった経験は何度もあります。

営業は常にトレードオフです。何かに時間や気持ちを費やせば、別の何かには着手できない、取り組むことができないという前提を意識し、大事にしていきましょう。

その上で、営業が意識すべき6つのマネジメントを挙げます。

- リード（見込み客）マネジメント
- タイミング（チャンス・機会）マネジメント
- タイムマネジメント

今日これやる

テレアポで「今忙しい」と言われたら、「失礼しました。であれば、お伝えしたかったことは3点で」と簡易提案をしてください。相手の本音は「時間がない」ではなく、「時間を作りたくない」。興味を作ることが大事です。

・データマネジメント
・商談マネジメント
・体調＆モチベーションマネジメント

営業先がなければ営業はできません。営業先を確保するリードマネジメント。また然るべきタイミングで電話、メール、商談、手紙、ＳＮＳなどのコミュニケーションを取り、相手のニーズを作り出したり、課題を認知してもらったり、予算確保を支援したりなど、タイミングを見誤らないかつ作り出すタイミングマネジメント。

こういった総合的、複合的な活動を管理するものがタイムマネジメントであり、これらの活動を分析し、自分の営業活動の精度を上げるのがデータマネジメントです。またタイミングを作り出すなかで生まれた商談機会を無駄にしない、商談マネジメントも不可欠です。

そして、営業は自分自身の活動、取り組みを行ない、止めないために、大前提で健康でいる必要があります。コロナもあり、健康でいること自体のハードル・難易度が上がりましたが、健康でいつでも問い合わせや相談ができるという状態を作ることが

月　日　振り返りメモ
□ やってみた
□ できなかった

重要です。

私がマネジメントと口うるさく言うのは、営業は習慣が大事であり、習慣を形作るものがマネジメントだと捉えているからです。管理しているものが当たり前になると、そもそも管理が不要になります。子供の頃は毎日のように親から「早く歯磨きしてきなさい」「おもちゃを片づけなさい」と怒られていました。気づけば、今は怒る側になりましたが、歯磨きや片づけが習慣化されると、怒られなくても勝手にやるのです。そこに意味や目的、理由などを考えなくてもです。

「営業成果は習慣が作り出す」
「これまでの積み重ねの集大成が今日の営業成果である」

という前提で考えたときに、良い習慣形成＝良いマネジメントとの出会いが大切なのです。私が営業支援会社を立ち上げ、S1グランプリという営業の大会で優勝することができたのは、マネジメントされていたとき、つまり上司がいたときに、営業で

今日これやる

「まったく何の習慣もない」という人はいないと思います。これまでの自分を振り返ってみて、まずは「この習慣は役立っているかも？」というものを見つけましょう。些細なことでOKです。そしてそれは続けてくださいね。

成果を出すための良い習慣を身につけさせてもらったからです。

- お礼は二度言う
- 挨拶は自分から、大きな声で相手の顔を見て
- テレアポは電話をかけながらリサーチをし、量・質を確保する
- アポイント打診は2択で日程を提示する
- テレアポではクローズドクエスチョンメインで会話
- 雑談は雑多な話ではなく、相手のビジネスや仕事に関連する話から展開する
- リアクションは大きくオーバーに、相手の感情に共感を示す
- お礼メールは5分以内
- レスポンスは細かい内容は後でも、まず反応を示す
- テキストコミュニケーションはテンション高めに、ただ内容には一貫性を持たせる
- ヒアリングは質問ではなく、会話の延長線上で展開する
- プレゼン時も相手に意見・感想を都度聞いていく

月　日　振り返りメモ

□ やってみた

□ できなかった

- 商談前、ヒアリング前、プレゼン前など、次のアクションに移る前に合意をもらう
- ヒアリングをしたら、相手と認識合わせの会話を挟む
- 「いかがですか？」ではなく「ぜひお願いします」を伝える
- 報告連絡相談はとにかく早く、話すときは結論から
- 言い訳をするなら謝罪と解決策をセットで提示
- 自分のこの言葉で相手がどう感じるかを予測する
- 自分の日々の取り組みをコンテンツ化する

などなど、他にもありますが、一旦この辺で。こういった売れる習慣を作るためには、良いマネジメントを施すことが近道なのです。人間は弱い生き物です、私も含めて。なので、1人で、自分だけで習慣や取り組み方を変えるのは至難の業です。

だからこそ、良い管理を受ける、もしくは良い管理ができる自分なりの仕掛けを作ることが大切です。第3章からは、それぞれのマネジメントについて詳しくご説明します。

今日これやる　このページで紹介している私が教わった習慣の中から、何か１つ試してみてください。自分の性格や商材に合う習慣を探しましょう。

第3章

リード（見込み客）マネジメント

「誰に営業をするのか」をまず考える

誰にでも売らない営業戦略

最初に言っておきます。

営業力は「誰にでも何でも売る力」だと思っている方は、ここから先は読み進めないことをお勧めします。なぜなら、その期待に応えることができないからです。私が考える営業力は「**必要な人に必要なものを提供し、相手の課題を解決する力**」です。

新人の頃、「俺が使ったこのティッシュを売ってみろ」とロープレをさせられたことがあります。当時の私は何の疑いもなく、「どうすれば売れるか」を真剣に考えていました。しかし、社会人として十数年経験した今、「そんなティッシュ、誰も要らねぇよ」と思ってしまうのは、私が擦れてしまったのでしょうか。違います。多くの

月　日　振り返りメモ

□ やってみた

□ できなかった

人に「正しい営業」に取り組んでほしいと思っているからです。

まず大前提ですが、今自分が扱っている商品やサービスは「誰が幸せになるための道具」ですか？　商品・サービスは幸せになるための手段、問題解決をするための手段でしかありません。ドラえもんや万能薬のように、何にでも効果がある、どんなときでも使えるものであれば、そもそも営業は不要です。Amazonなどのネットショップに掲載しておけば自然と売れます。

しかし、営業がわざわざ電話をかけ、メールを送り、商談を行なって購入まで導いていく商品は、購入するまでのプロセスや過程に、買い手が感じるストレスや不安、手間が存在しています。

私の祖父はネットでは絶対に物を買いませんでした。ネットで何かを買うこと自体が難しく、また不安感が強かったからです。80過ぎのおじいちゃんだからでしょうか？　そんなことはありません。若者でも、ネット通販を利用しない人や、服はネッ

今日これやる

「自社の商品はどんな困りごとを解決できるのか」を改めて見直してみましょう。

トで買うけど、靴は店舗で買いたいという人もいます。逆も然りです。

- ネット通販の使い方がわからず不安だから対面で安心して買いたい
- わざわざ電車に乗って実店舗に買いに行くのが手間だからネットで楽に買いたい
- サイズが合わないと足が痛くてストレスだから靴は試し履きしてから買いたい

人によって「納得」の基準は違いますが、その自分なりの基準で「納得して購入したい」ということは共通しています。営業が「買う」を導くためには、相手に「納得」を与えることが重要なのです。

営業すべき相手を見極めるポイント

必要な人に売る、その「必要な人」を売れる営業はどう見つけているのでしょうか。

①ニーズ：自分の商品・サービスが提供できる課題解決結果やより良い状態の実現を

月　　日　　振り返りメモ

☐ やってみた

☐ できなかった

求めている相手、もしくはこれからの関わりを通して求めてくれる可能性がある相手

②リソース：この取り組みを行なうにあたって、予算などの経営資源が確保できている相手
自分が提供している課題解決や目標実現をお金を払い、かつ社内のリソースを投入してでも実現したいと思っている相手

③タイミング：自分の営業目標達成から逆算したときに、目標達成に貢献してくれる相手

この3要件がすべてそろっている相手が営業すべき相手であるということを忘れてはいけません。**1つだけでは最終的に「買う」「使う」という決断・アクションまでたどり着きません。**

今日これやる
いつ、どんな理由なら自社の商品を買う／契約するか、「自分だったらどうか？」と考えて書き出してみましょう。

目標からの逆算で考える

全員が裸足で生活している国で靴を売ろうとした2人のセールスパーソンの話をご存じでしょうか？

1人は「みんな裸足で靴のニーズがない」と報告をし、もう1人の営業は「みんな靴を履いていないので大量に売れる」と報告しました。結果は、大量に売れると報告をした営業パーソンの通りになったのですが、この話も実は危険です。

なぜなら営業は「お客様の課題解決」と並行して、「自身の営業目標の達成」をするというミッションを持っています。「いつまでに」「どれだけ」売らなければいけないかが決まっているなかで、誰も靴を履いていない国に、靴を履くという習慣の浸透＝市場開拓が間に合うのかどうかという問題があるからです。もちろん、最終的に市場開拓に成功すれば、大きな売上・成果をもたらせるのは間違いありません。

しかし、営業目標から逆算をして最適な営業先を見極めることも重要だということです。ポイントはあくまで自分の目標達成につながるかどうかです。

月　　日　　振り返りメモ

☐ やってみた

☐ できなかった

「会える人」ではなく「買いたい人」に会う

「買う」という行為の前には必ず「買いたい」が最初に存在しています。

- この商品を買いたい
- このタイミングで買いたい
- この方法で買いたい
- この会社から買いたい
- この人から買いたい

この**「買いたい」を作り出せる可能性がある相手、これが営業をすべき相手**です。

今日これやる

なんとなく「今日アポをとれた人に会う」というやり方になっていませんか？　いつ誰に会ったのか、一度リストやカレンダーを見返してみてください。

赤ちゃんに営業をする人はいません。赤ちゃん向けの商材であってもです。オムツやミルクは、赤ちゃんのための商品ですが、販売先は親です。つまり、「ほしい」は赤ちゃんでも、「買いたい」は親になります。この**買い手の見極めができなければ、どんなに良い商品であっても、絶対に売れるという結果にはつながらない**のです。

新卒で入った会社に、鉄板ネタを持っていて、飲み会があると大活躍する同期がいました。アポイント獲得数は私とほぼ同じでしたが、持ち前のコミュニケーション能力で、彼は毎日「今日の商談1時間以上も話しちゃったよ」と商談の長さをアピールしていました。一方、私はいつも30分前後で終わるので、尊敬すらしていて、商談にも何回か同行させてもらいました。しかし、1ヶ月後受注数を比べてみると、私の10分の1しか受注がなかったのです。衝撃でした。

商談数はほぼ同じ、商談時間は私の倍。あれだけ商談が盛り上がって、あれだけ関係構築ができていて、どうして受注が増えないのか、私よりも大幅に少ないのか。私には理解できなかったのです。そこで私は彼のカレンダーを見てみました。

月　日　**振り返りメモ**

□ やってみた

□ できなかった

カレンダーが教えてくれた答えは、「毎回同じ相手と商談し、さらにその商談相手はここ1年間発注がない相手だから」でした。つまり、「会ってくれる人」とただ長話をしているだけだったということです。

営業が会うべき人は「相手の抱えている課題を自分が解決できる人」であり、かつ「その課題をお金を払ってでも解決したいと思っている人」です。

この観点を忘れてしまえば、報われない努力が増えます。ベンチャーやスタートアップでは「売上はすべてを癒す」という名言がよく使われますが、これは営業も同じです。どんなに話ができる相手がいても、どんなにアポイントを稼げる相手がいても、最後に売上を作れるか否かが重要であり、そこから逆算した行動を積み重ねなければ未来はありません。

今日これやる
直近1ヶ月のアポを振り返って、「この人は“買いたい人”ではなかったな」という人がいないか、確認しておきましょう。

「とりあえず」の連絡・訪問は今すぐやめる

勘違いしてほしくない営業の言葉があります。「とにかく会って関係を深めてこい」という指導です。

最近では「リードナーチャリング」という言葉で、一方的にメルマガを送ったり、とにかく接触だとSNSで投稿したりというマーケティングや営業手法を駆使している会社もありますが、これは勘違いです。

ちなみにリードナーチャリングとは、

リード：見込み客

ナーチャリング：購買意欲や商品理解、会社・営業への信頼の醸成

月　日　振り返りメモ

□ やってみた

□ できなかった

という意味で、直訳すると「見込み客の育成」です。個人的に「見込み客を育成する」という表現は好きではありません。買わせるために相手を育てていくという考え方は、営業都合の視点だと感じるからです。こういった意識が強い会社は、アクションを起こしているにもかかわらず、どんどん見込み客を逆育成＝ファン離れ・顧客離れしているケースが少なくありません。

「単純接触効果」というものがあります。これは「接触頻度（関わる回数）が多ければ、自分に好意を持ってもらえる確率が上がる」という心理学の理論です。しかし、考えてみてください。必要のないメールや電話、ＤＭが毎日のように送り付けられてきて、不要だと言っているのにまた連絡が来たら、不快な気持ちがどんどん積み重なり、最後は着信拒否やメルマガの解除になるのは必然です。

営業において、単純に接触しておいて良いことは、お客様の視点からは何もありません。相手にとって、価値や必要性、ニーズ、楽しみがあるコンテンツや接触があっ

今日これやる

「とりあえず○○しておこう」という言葉が頭に浮かんだら、一旦ストップしてください。「あまり意味がないかも」と思ったら、勇気を出して今日はやめてみましょう。

て、初めて関係が前進するということです。

だからこそ、「とりあえずメール送っておこう」「とりあえず電話しておこう」「とりあえず訪問しておこう」と無策で相手に飛び込んでいく営業やマーケティングは、関係構築でもリードナーチャリングでもありません。

月　　日　　振り返りメモ

□ やってみた

□ できなかった

「ニーズがある」だけで突っ走らない

まず大前提として、ビジネスにおいては「問題解決意欲」が不可欠です。ビジネスは理屈だ、ロジックが大事だという話はよく耳にしますし、この点においては私も同意見です。特に法人営業においては、意思決定者が複数人おり、商談相手が決裁者でない場合は特にロジックが必要になるケースが多いです。

しかし、個人相手であれ法人相手であれ、事が動くのはそこに参加・介在する〝ヒト〟がいてこそです。主体性があり、積極性があり、行動力がある人が1人いたら動く案件やプロジェクトもあれば、10人以上もメンバーがいるにもかかわらずまったく動きがない取り組みやプロジェクトも存在します。大事なことはその取り組みや課題に対して、本気で解決したいと思っている人が存在するかどうかです。

今日これやる

自分が営業をされる側のときに、どんなDMや営業電話が嫌だと感じたか思い返してみてください。「やらない方がいいこと」が見えてきます。

ニーズには濃淡がある

予算や決裁権、導入時期などの情報において、まず大前提はニーズがあるということです。そして、ニーズにも濃淡があります。

ニーズの濃淡というとわかりづらいかもしれませんが、例えばやる気にも0～10までありますよね、という話です。「テスト勉強をした方がいい」もやる気は0ではありませんが、限りなく0に近いです。一方で、「東京大学に絶対にいく」と決めている子は勉強のモチベーションは当然高く、自らどんどん勉強します。

この2人に「勉強の必要性を感じられていますか？」とヒアリングをすれば、どちらからも「はい。必要です」という回答が返ってくるでしょう。営業がやるべきことはそこからです。その「やりたい」「必要」という言葉はどれぐらいの熱量・本気度なのかをしっかりと固めていく必要があります。これは説得作業ではありません。お客様と相談をしながら、今何をやるべきかを決めていく作業です。

月　　日　　振り返りメモ

□ やってみた

□ できなかった

ここでの会話をしっかりと積み重ねていくからこそ、「急に案件がなくなった」という事態が発生しないのがトップセールスの特徴の1つです。売れない営業、案件が流れてしまう営業は、この問題解決意欲を確認したり、高めていくコミュニケーションを怠っていることがほとんどです。

偉そうに言っていますが、私はこれを何回もやらかしています。新人の頃、初訪問したお客様から「経理スタッフの募集を考えているんだよね」とお聞きし、やっと取れたアポイントだったこともあり、「であればすぐに人を連れてきます」と条件をお聞きし、社内で共有。会社としてもターゲットとしていた大手企業だったので、周りの協力を得て、求職者探しを行ないました。営業全員で19時から登録スタッフや求職者の方に電話。20時過ぎに1名候補者が見つかり、20時半ごろにもう1名。2人もいればいけるだろう、ということで、その日のうちに提案書をまとめ、メールを送信。翌日が楽しみで仕方がありませんでした。

しかし、翌朝お客様に電話をし、いただいた一言目が「まだ早いよ」。

今日これやる

お客様のニーズの濃淡を確認できる質問の１つが「この問題を解決するために今行なっていることや過去に取り組まれたことってありますか？」です。使ってみてください。すでに何か取り組んでいれば本気度は高く、特に何もやっていなければまだ低いと予測できますね。

ニーズの種類

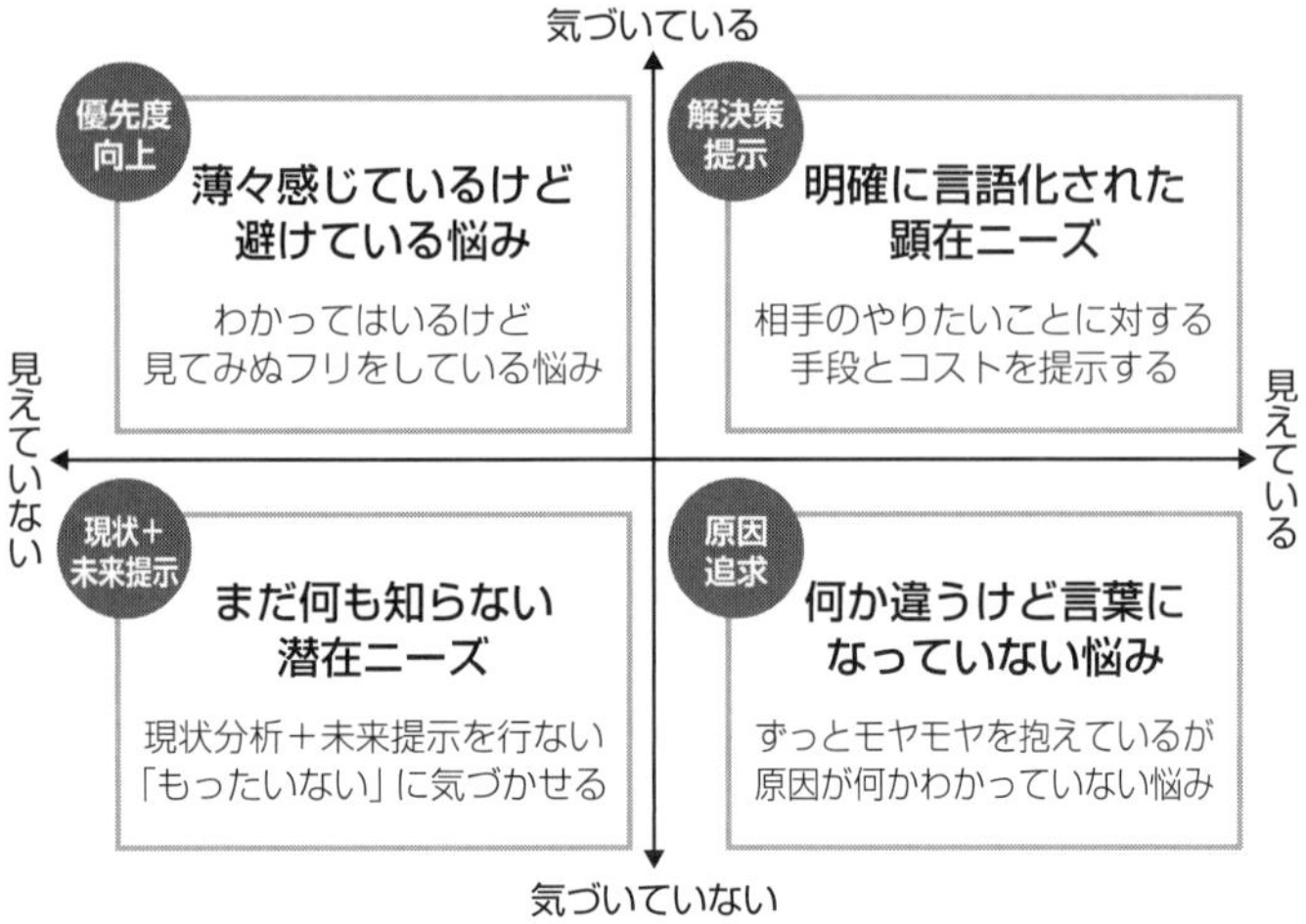

将来的にはという意味で、まだ既存のスタッフもいるから、早くても2ヶ月後ぐらいの話だったのです。完全なる早とちり。私の暴走でした。上司がうまくフォローしてくれたおかげで事なきを得ましたが、上司からはめちゃくちゃ怒られました。

「やりたい」の温度感をちゃんと把握すること、理解すること。それなくして適切なアプローチは生まれないということを、このとき強く学びました（ただ、同じ暴走をあと5回はやらかしています（笑））。

月　日　振り返りメモ

□ やってみた

□ できなかった

「できる」リソースがあるのか冷静に判断する

多くの経営者やビジネスパーソンは、当たり前ですが「もっと良くしたい」という気持ちを持っています。やれるならやりたいことはいくらでもあります。けどやらないのはなぜか。それは、やりたくてもできない理由があるからです。

やる気だけで、気合いだけで、根性だけで解決できない問題があるということです。ビジネスの本質は投資と回収です。経営資源はヒト・モノ・カネ・情報の４つといわれます。私はここに＋αで「時間」を付け足して話をすることが多いのですが、これらに共通することは「有限である」という事実です。

お金も時間も人もモノも無限にあるのなら、なんでもやればＯＫです。しかし、現

今日これやる

「このタイミングでお声がけいただいたのはなぜですか？」と聞いて、お客様が問題解決したいと思っている時期はいつなのかをしっかり把握しましょう。早とちりしたり出遅れたりといった「もったいない」を避けられます。

実は必ず制約があります。会社の規模が小さいほど、ここの持ち手、リソースが少ないのが現実です。私の会社も20人程度の会社なので、「もっとやりたい」「これもやりたい」「ここに人がいれば」と思うことは年がら年中出てきます。ただその中で優先順位をつけて、今やるべきことを決めて動いています。

これは弊社が特別というわけでは当然なく、すべての会社や経営者、事業の責任者がやっていることです。営業の仕事は「顧客の課題解決」と並行し、「売上を確保する」というミッションがあります。この同時達成ができて、営業は仕事・役割を全うしているといえます。

だからこそ、相手の「やりたい」に寄り添うことはとても大事ですが、一方で**「やりたいだけの相手」を相手にしていてはダメ**だということです。ここはシビアに現実を見る必要があります。

・予算はあるのか

月　日　**振り返りメモ**

□ やってみた

□ できなかった

- プロジェクト実施時・提案内容の実施時に運用できる体制はあるのか、人はいるのか
- 取り組みを実施するだけの知識やリテラシーはあるのか

買ってもらうことだけを考えれば、多少無理矢理にでも誇大アピールをしたり、値引きをしたり、魅せ方を変えたりすれば売れると思います。しかし、一番問題なのは「やりたかったけどできなかった」という結果が生まれてしまったときです。これは全員にとってマイナスでしかありません。「できなかった」にも種類があります。

- こちらの実力不足で成果を出せなかった
- 相手の協力不足で成果が出なかった
- 相手の能力不足で運用・活用ができなかった
- 相手のキャパシティ不足で購入したけれどそもそも実施されなかった

ここでの共通点は、最終着地としては相手の期待値に達しなかったということです。

今日これやる

予算を聞くときは「他社様だとだいたい50万円くらいの予算で～」と他社の例を出して基準を示しましょう。答えてもらいやすくなります。細かい金額を聞き出す必要はなく、「〇万円くらい」と予算幅が聞き出せればOKです。

そして、何かが不足しているということです。この不足は事前のコミュニケーションである程度は解消できる部分です。

「自社のサービスのメインターゲットだから」「ほしいと言ってくれているから」「使いたいと言ってくれているから」という理由だけで売ろうとした結果、自社に損失を招く相手ではないか、この見極めは当然重要です。

大企業には、与信調査を丁寧に行ない、取引可否を判断する会社も存在します。これは良いか悪いかではなく、その組織・会社の判断です。失礼な言い方に聞こえるかもしれませんが、売り手側にも権利があります。商品・サービスを提供する相手を選ぶことができます。あくまでビジネスは対等な関係なのです。

その上で、売る側は自社のビジネスに貢献してくれるお客様を選ぶ権利があり、そこにおいてリスクがある場合は「避ける」という選択肢も当然あり得ます。そしてそれは、お客様の不満が生まれるリスクを避けることにもつながります。お互いが成功・

月　日　振り返りメモ

□ やってみた

□ できなかった

成長し合える関係を持つこと。営業において一番大切なことです。

相手の「やりたい」だけで物事を進めてはいけません。買った後に不満を与えてしまうからです。やるべきことは「やりたい」と「できる」が両立している相手に営業をするということです。

今日これやる

「デメリットやリスクもお伝えしておくと」と商品のマイナスポイントを隠さず伝えてみましょう。事例を交えたり、改善策もあわせて伝えたりして工夫して伝えれば、悪い印象だけで終わらず、お客様からの信頼も増します。

営業リストを育てる

江戸時代は火事が多かったといわれますが、火事になったときに商人が真っ先に持って逃げたのは顧客名簿だそうです。それだけリストは大事だということです。では、「リストを大事にする」ってどういうことだと思いますか？

まず前提としておさえていただきたいのは、**リストの数以上の受注は存在しない**ということです。100件リストアップしたとしても、それは営業できる可能性のある相手を100件確保できただけにすぎません。その相手が提案に乗ってくれるかはおろか、話を聞いてくれるかどうかすらわからないのです。新規のテレアポなら、そこからアポ率3~5%、良くて100件のうちの5件です。100件でアポが0件ということもあるでしょう。

月　日　振り返りメモ

☐ やってみた

☐ できなかった

リストは営業の母数、つまりアプローチできる最大値です。そこから実際はどんどんと段階を踏むごとに数が減っていくことを忘れてはいけません。

営業リストと聞くと、「どう作るか」「いかに効率よく多くの数を集めるか」ということに多くの人が焦点を当てます。もちろんリストは集める必要があります。ただ、「集めて終わり」では意味がありません。

- 育てる
- 管理する

この視点が非常に重要で、集めた後の行動によって、リストを大事にできるかどうかは変わってきます。

今日これやる

リストの数は足りていますか？　目標達成のために必要なリストの数はいくつなのか？　改めて見直して、足りないなら今日は100ページを参考にして増やすアクションをとりましょう。

ステップに合わせた情報提供

リストの進化とは関係性の進化である

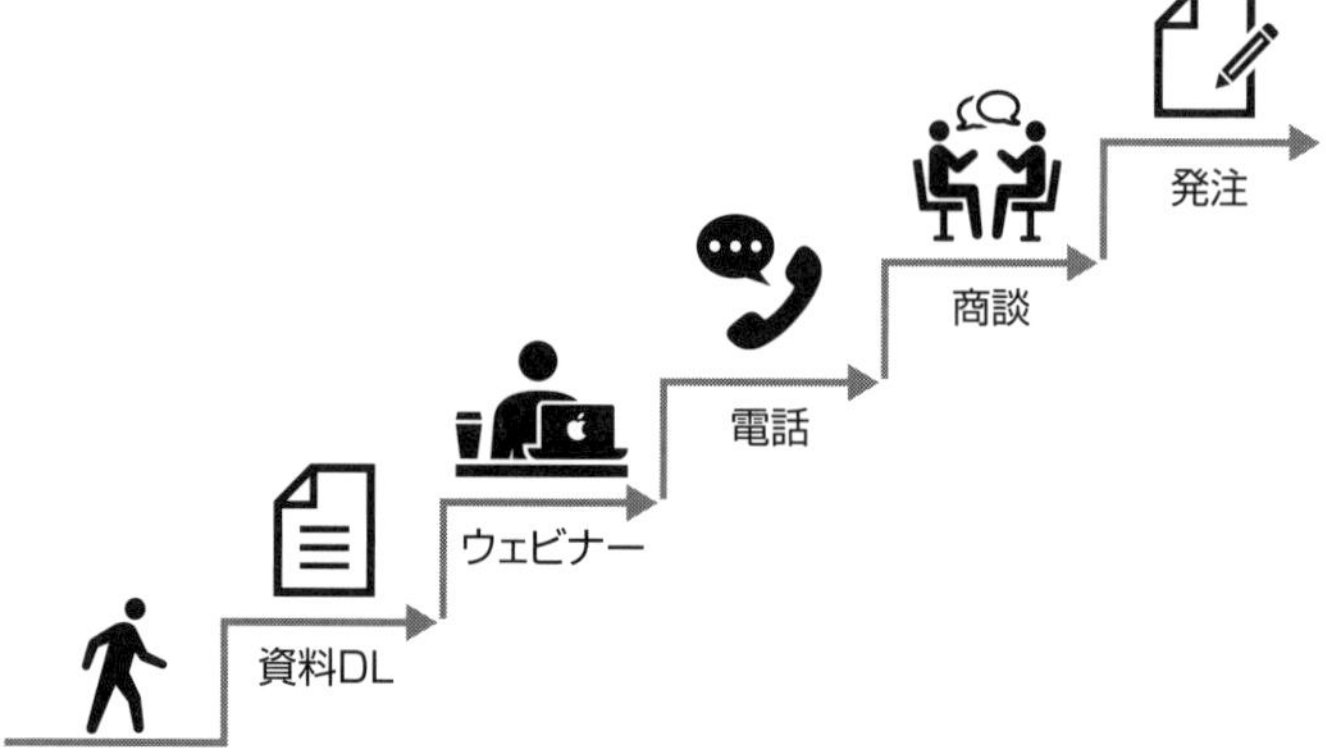

リストを育てる

「リストを育てる」とは**「リストを進化させる」こと**です。そして、リストの進化とは関係性の進化です。つまり、**顧客との関係性が深まった、あるいは強化された状態をリストに反映している**ということです。関係性がある程度わかる状態を作っておくことで、コミュニケーションの取り方が大きく変わります。

例えば、テレアポの入り口のトークスクリプトも、相手が資料をダウンロードいただいた方とウェビナーにご参加いただいた方では当然異なります。「先日は弊社のウェビナーにご参加いただきあり

月　日　振り返りメモ

☐ やってみた

☐ できなかった

がとうございました」と言われれば、相手も無下にはできません。しかし、「以前資料をダウンロードしていただいた件でお電話しました」だと、このような電話は多数受けていると思われるので、他社と同じような口上では話をしてもらえない可能性があります。

リストを管理する

次に、「管理する」を言い換えるなら、「**もう営業しなくていい相手がリストに残り続けていないか**」ということです。こういった相手に電話をかけたり飛び込み営業をしたりする時間は非常にもったいないですよね。営業しないところはリストから弾いていき、放置しないように日々更新する意識を持ちましょう。

営業を重ねていくなら、必ずお客様の情報は更新されていきます。それをしっかりリストに反映していかなければ、せっかくの情報が無駄になってしまいます。

相手も変化していきます。人事異動や、新事業、取引先の変更など時期によって変わ

今日これやる
今日は絶対に後回しにせず、テレアポや商談など、行動したら必ずすぐリストに反映するようにしましょう。

る要素は数多くあります。こういった変化をしっかりキャッチアップすることが何より重要なことです。

営業が嫌われてしまう理由の1つは、会話が成り立たないことです。その最大の要因は、お客様が話したことを営業が覚えていないということです。人間の記憶力には限界があるからこそ、リストを見てどんな会話をしていたのか、どんな情報があるのかを整理することが必須なのです。

営業する相手にちゃんと営業できる状態を作り、情報を管理・更新していく。これを行なうことが今の営業においてはとても重要な動き方になります。

リスト管理の3要素

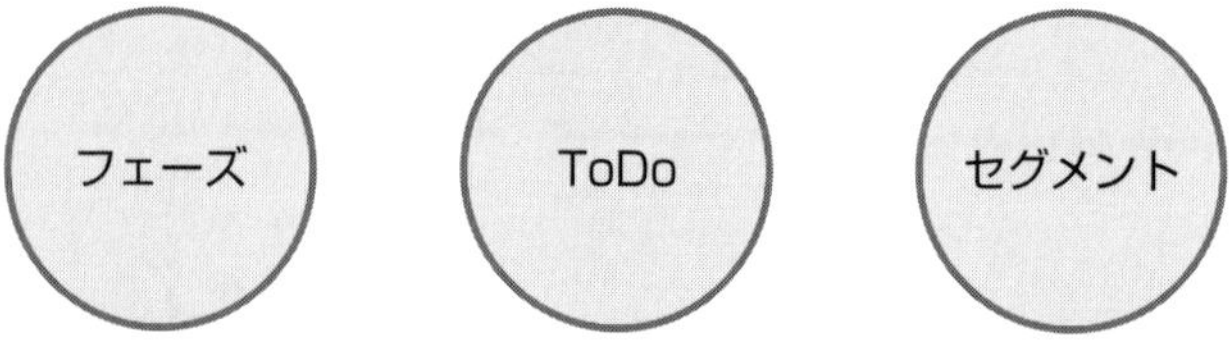

フェーズ：自社の目指すべき営業フロー通りにお客様との関係を進められているか

ToDo：フローを前に進めていくためのやるべきことが実行されているか

セグメント：これまでの接点やリサーチ情報からお客様を種類ごとに分類できているか

月　日　振り返りメモ

□ やってみた

□ できなかった

良いリストには何が必要なのか

営業の成果をもっと上げたいと考えたときに、最も効果が見込めるのは営業リストの改善です。ツールやトークスクリプトを変えたところで、結局一番大事なのは「誰に売るか」ということです。

良い営業リストを作るための5つのポイントをお伝えします。

▼ポイント① 精度　正しい情報が入っているか？

一番わかりやすいところでいけば電話番号。当然のことですが、この番号が間違っていれば別の会社に電話がつながってしまいます。単純な点ですが、正しい情報を集められているかどうかというのは1つの視点になります。営業リストの精度が落ちると実際の営業が無駄になってしまいます。根本的だからこそ、意識し

今日これやる
リストの情報が最新になっていますか？　もう営業をすることはない相手が残っていたり、担当者名や役職が古い情報のままになっていたりする場合は、きちんと修正しましょう。

ていただきたい点です。

▼**ポイント②鮮度　最新情報にアップデートされているか？**

「社長が交代したのに以前の社長の名前のまま」「新しい事業が始まっているのに旧事業の情報しかない」。こんな状態であれば、営業したところで相手と会話は成立しません。正しい情報には、精度だけでなく鮮度も必要です。この点も忘れてはいけません。

▼**ポイント③整理　「すぐに営業ができる状態」になっているか？**

営業しやすいように、見やすく使いやすい状態になっているかということです。効率よく動いていくためには、営業リストを使いやすい状態にしておくことが必須条件です。いざテレアポをしようとしたとしても、情報がバラバラに記載されていたらテンポよく電話することはできませんよね。

▼**ポイント④具体性　具体的な情報が入っているか？**

月　日　振り返りメモ

□ やってみた

□ できなかった

リストに具体的な情報が入っていると、ヒアリングやアポイントで踏み込んだ対応ができます。営業で成果が出やすいのは、「相手の言葉を使う」ことです。例えば「人事の担当者」にアポを打診したいとき、その会社での呼称は人事部なのか、人材開発部なのか、採用部なのか。事前にわかっていて、その情報がリストに入っていると営業がしやすくなります。「役職・部署」のほか、「担当者の名前」「会社の取り組み」などの情報もあるといいでしょう。

▼ポイント⑤母数　どれだけの数を確保できているか？

最終的には数も重要になります。リストの数以上の受注は存在しません。リストは営業の母数、つまりアプローチできる最大値です。ただやみくもに企業を選定するのではなく、他の４つの視点を踏まえた上で、母数を意識するようにしましょう。

リストの数を確保するためにはさまざまな手段があります。

今日これやる

今日はリストに＋αの情報を追加しましょう。具体的な部署名を入れたり、ヒアリングで聞いた情報を追加したり、今わかっていることや調べたことを追加してください。

- ポータルサイトで探す
- Webで調べる
- SNSで検索する
- ハローワーク等の企業一覧から調べる
- 類似サービスから調べる
- イベント・展示会出展
- 取引実績のある企業の類似企業を調べる
- SNSのコミュニティ機能を活用する
- イベントやセミナーに参加する
- 飛び込み営業
- リストを購入する
- 取引先に紹介を依頼する
- 新聞やニュースに目を配る
- アクセス解析情報を利用する
- 過去の名刺を掘り起こす

月　　日　　**振り返りメモ**

□ やってみた

□ できなかった

しかし、「とにかく数だけ確保する」というのは避けてください。何も考えず数だけ確保しようとすると、成果が出るかどうかは運任せになり検証もできません。

また、リストはきちんと分類してください。分類していないと検証が難しくなります。「このリストにはこの共通点が」というように、しっかりセグメントで分けていくようにしましょう。

次のページの図は、関係性を縦軸、情報の鮮度を横軸にしています。情報鮮度が低く関係がまったくないならば、営業の負担が大きくなり、逆に鮮度が高く関係性も高いリストであればあるほど営業の負担は小さくなります。セグメントで分けることで「簡単にアポイントがいただける確率が上がる」「営業の効率が上がる」「顧客ごとに最適なコミュニケーションがとりやすくなる」というメリットがあります。

今日これやる 102ページの図を参考にリストの分類を見直しましょう。

リストは分類されてますか？

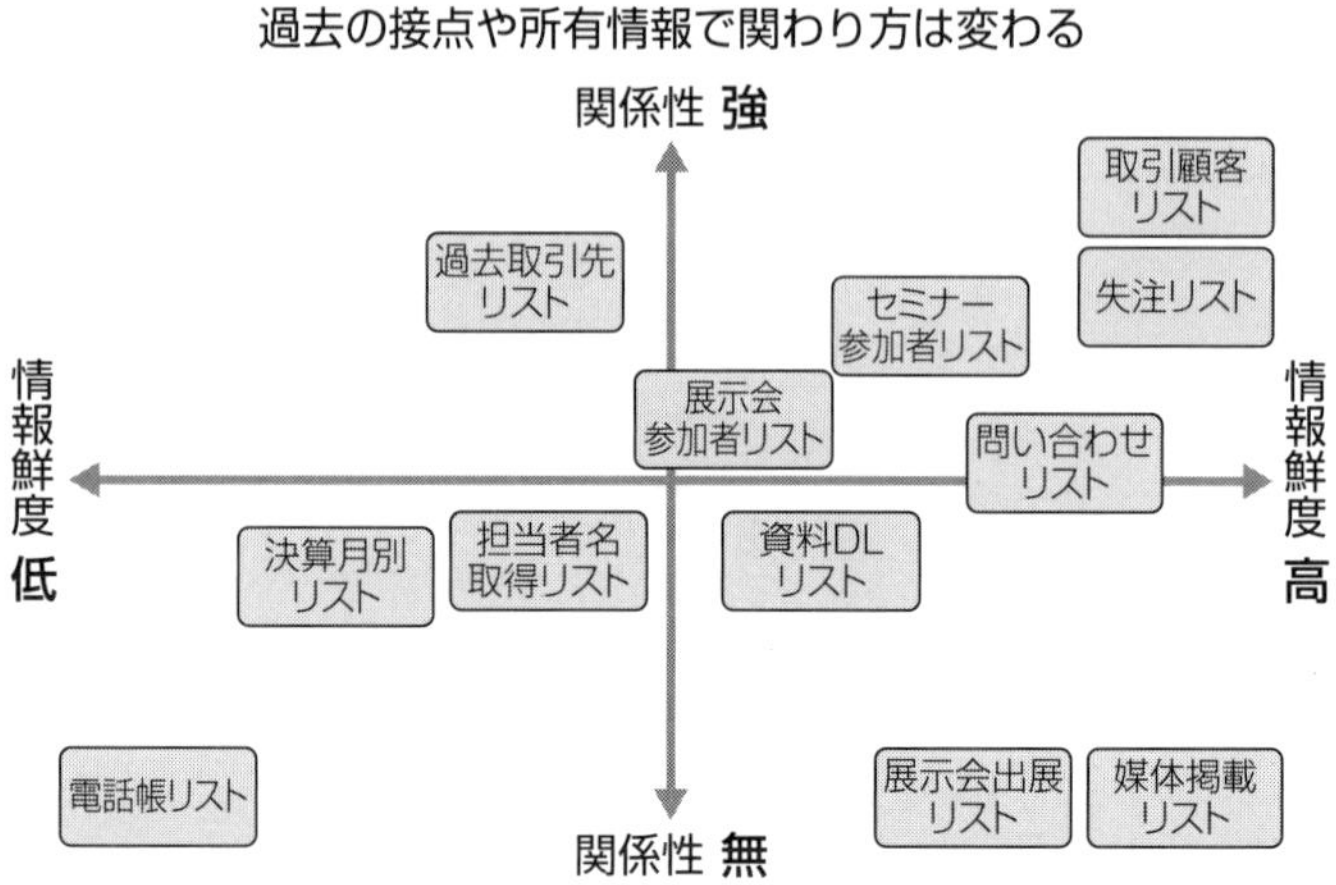

そして最後に気をつけていただきたいのは、「当たりきることを優先しない」ということです。ツールでリストを作成している人にありがちですが、「せっかく作ったし最後までアプローチしなきゃ」と考えてしまうのもよくありません。

成果が出ないリストは営業がどんなに頑張ったところで成果は出ません。テレアポであれば100～200コールもすればそのリストの特徴が見えてくるはずです。受付突破率・着電率等数字を見ることで判断材料はそろいます。検証結果によっては撤退することも選択肢に入れましょう。

第4章

タイミング（チャンス・機会）マネジメント

結果を出すための
種をまき育てる

「決める」ための打席を作る

私は元高校球児です。野球には「勝負強い」という言葉があります。「ここで打ってほしい」「ここは決めてほしい」、逆に「ここはビシッと抑えてほしい」という、得点が入るチャンスや守り抜きたい場面で、しっかりと決めてくれる選手に期待が集まるのは当然ですよね。手前味噌ですが、私はそこそこ勝負強かったと思っています。9回2アウトでランナー2、3塁。ヒットを打てばサヨナラ勝ちという場面、しっかり打ってきました。

営業においても、「この案件は決めてきてほしい」「ここで1件、受注がほしい」「このお客様は取りこぼしたくない」という場面があります。こういうときに確実に決めてきてくれる営業は、本当に頼り甲斐のある、そして「うちのチーム（会社）で営業

月　　日　　振り返りメモ

□ やってみた

□ できなかった

してくれていてありがとう」と思われる営業です。

私の営業経験のなかで、一番痺れた場面は社会人1年目。12月26日、年内最終営業日（翌日が納会でした）、私の提案が決まるかどうかで首都圏ブロックの営業目標の達成・未達成が決まるという日でした。無事に発注もいただき、先方のオフィスを出た瞬間に上司に電話、社内のメーリングリストにメール。ブロックの目標達成が決まった瞬間でした。オフィスに戻ったら、「お前すごいな」「マジでありがとう」「夜、何食べたい？」とみんなが喜んでくれて、歓喜の輪ができていました。営業をしていて良かったと思える瞬間の1つですね。

このエピソードで私がお伝えしたかったことは、私って勝負強い営業でしょ？という自慢ではありません。むしろ、このときは運良く受注をいただき、目標達成できましたが、私は何度も失注になったこともありますし、音信不通で案件が流れてしまったこともあります。ポイントは「最後はちゃんと決めた」ということです。営業管理・マネジメントにおいて、意外と盲点となっていて気づいていないのは、「打席をちゃんと作ることができていた」という事実です。

今日これやる

「営業ですか？」と聞かれたら、「いえ営業じゃありません」とごまかさず「はい、営業です」とちゃんと伝えて、「一瞬でもこれ以上は無駄と思ったらすぐに退散するので、30秒チャンスをください」と伝えてみてください。

昔はよく月末のタイミングで「隠し球案件」を持っている営業がいました。目標達成にギリギリ届かない、あと1～2件決まればというタイミングで、シレッと案件を持ってくるあの人の、あの案件です。

大事なポイントは**「決められる可能性」「受注をいただける可能性」をちゃんと作っていた、持っていた**ということです。

「決断する」ことの重さを理解する

「営業は今日の頑張りで今日の成果をコントロールすることはできない」という前提を私は持っています。

営業から見れば「受注」「売上」であっても、その背景には必ずお客様が存在し、そのお客様がお金を払うという決断があります。人の決断を軽くみてはいけません。大きな金額になればなるほど、この決断のハードルはどんどん高くなります。

月　　日　　振り返りメモ

□ やってみた

□ できなかった

他の選択肢を捨て、私のところに依頼をしていただく。まさに決断とは「決めて断つ」という言葉の通り、決めるまでに心理的負担や時間的負担、大きな痛みを強いているという認識を忘れてはいけません。営業の都合で「今日決めてください」「今ここで契約書にサインをしてください」と、簡単に言うべきではないのです。

即決・即断を促す営業を否定しているわけではありません。営業側、売上受注をマネジメントする側の立場からすれば、リードタイムと呼ばれる相手の検討時間・期間を短くできる営業の存在は希少であり、心強く、ありがたいのは間違いありません。「今必要としている相手」に対してしっかり背中を押してあげることができる営業もまた、お客様にとって価値のある営業です。

しかし、今必要としているかがわからないタイミングで、とにかく受注・売上のために即断・即決を促すことは、相手にとっても、また営業自身にとってもストレスであり、負担が大きいという事実から目を逸らしてはいけません。だからこそ、本章のテーマである「タイミングをマネジメントする」という考え方が重要になるのです。

今日これやる

求人情報やメディア掲載を見て電話をするとき、「○○に掲載されてましたよね。営業のために載せてないことはわかっているのですが、内容が魅力的でぜひ何かご一緒したいと思い、お電話しちゃいました」と相手の気持ちを先回りして言ってみてください。

作り出したチャンスを育てる

タイミングを作り出す＝決断時期が近いお客様を担当しているということです。決断時期なんてお客様次第でしょ、と思っていませんか？　お客様の決断を営業はコントロールできないと考えるのはもったいないです。

タイミングを作り出すための４つのヒント

ＢＡＮＴ情報という言葉が営業ではよく使われます。

Budget（予算）
Authority（決裁権）

月　　日　　振り返りメモ

☐ やってみた

☐ できなかった

Needs（ニーズ・需要）
Timeframe（導入時期）

これらの４つの言葉の頭文字を取ったものがＢＡＮＴです。
営業ヒアリングにおいて、この４つを聞くというのが王道になっています。ＢＡＮＴ情報を全部ヒアリングできたら受注確度１００％（４つあるので、１つ聞けたら25％）というマネジメントをしている会社が存在したぐらいですが、そこまで大層なものではありません。しかし、大事なことには間違いありません。

普段の自分の買い物から考えてみてください。予算も決めず、決め方も考えず、そもそも必要か、いつまでに必要かを考えることもなく、買い物をすることってありますか？　コンビニのおにぎりを買うことだって次のように整理できます。

Budget（予算）：だいたい１００～２００円ぐらいで
Authority（決裁権）：私が食べたいと思ったものを

今日これやる
明日訪問予定の相手に連絡をして、相手は明日何を聞きたいと思っているのかを確認しましょう。

Needs（ニーズ・需要）：お腹が空いていて
Timeframe（導入時期）：今すぐ食べたい

これが金額の大きい買い物、例えば「車」「家」「家電製品」などは、家族と相談したり、ネットで調べたりして決めるという工程が発生します。法人営業であれば、稟議を回したり、社内で調整や相談をしたりして決めることがほとんどです。

タイミングを営業が作り出すとは、このBANT情報を逆算して組み立てることです。もっと具体的に考えてみましょう。

３ヶ月後にＯＡ機器の営業で１０００万円の受注を獲得したい場合、それはつまり、３ヶ月後に１０００万円の契約書にサインをしてくれる人を担当していなければいけないということです。ＯＡ機器という商材は、検討するのにだいたい１～２ヶ月かかるため、今月中に「３ヶ月後に買う決断ができる可能性がある人」を確保しておかなければいけません。

月　日　**振り返りメモ**

□ やってみた

□ できなかった

では、3ヶ月後にOA機器を「買いたい」「買う」と決断できるのはどんな人なのかをBANT情報から考えてみましょう。

Budget（予算）：総務やバックオフィスがツールやシステムの変更・改善予算を現在持っている（来年度ではなく今年度の予算としてある程度計上されている）

Authority（決裁権）：部長の決裁でほぼ判断できる or 稟議等の社内決裁が1ヶ月程度で通る

Needs（ニーズ・需要）：既存のOA機器の切り替え・更新時期がきている

Timeframe（導入時期）：3ヶ月以内に決裁を下ろしたい or 半年後にはOA機器を入れ替えたい

という相手を探し、来月には営業提案を重ねていなければいけないということです。

営業にとっては「3ヶ月後の受注」であっても、お客様の立場から考えれば「3ヶ月後には社内の稟議や調整を完了させ、予算を確保した状態」を作らなければいけません。この支援をするのが営業であり、このようなお客様を担当している状態が野球

今日これやる

最近の自分の買い物を、BANT情報に当てはめて考えてみてください。小さな買い物と大きめの買い物、両方やってみましょう。BANT情報を考えるイメージが湧きやすくなると思います。

でいえば「打席に立てている状態」です。

チャンスを「作って終わり」にしない

ほとんどの営業活動は打席に立てずに終わっています。テレアポや飛び込み営業をしても門前払い、やっと商談ができたとしてもパンフレットや営業資料を渡して終わり。これは「相手に検討してもらえている状態」や「相手が決裁のための準備や活動をしてくれている状態」ではないため、タイミングを作る＝打席を確保するための種まきをしているのと同義であり、まだ準備段階です。つまり、多くの営業は日々活動を頑張っていても、種まきだけをしているケースが多いということです。

野菜を収穫するとき、種をまいた翌日に実がなっているわけがないのと同じです。種をまき、水をあげ、肥料をまき、時間をかけてやっと収穫ができるわけです。この収穫のスピードを上げる、収穫するときの実を大きくすることが、タイミング＝チャンス・機会を育てていくタイミングマネジメントです。

月　日　振り返りメモ

□ やってみた

□ できなかった

「ニーズがない」と安易に決めつけない

営業の現場では、よく上司と部下でこんな会話がされています。

上司：今日の商談どうだった？
部下：今日は全然ですね。ニーズなしです。
上司：了解。今後追いかけていく必要もない？
部下：そうですね。ニーズがないんで、追いかけても無駄かと。

部下も部下ですが、これを鵜呑みにしている上司も上司です。こうやって、いくつのチャンスを見逃してきたのか、見送ってきたのか……

今日これやる
今日は111ページを参考に、「BANT情報を逆算して組み立てる」をやってみましょう。

相手の言うことを鵜呑みにしすぎない

法人営業をするにあたって意識しておいてほしいのは「全員が全員、自分の事業や仕事にプライドや誇りを持って、めちゃくちゃ頑張っているわけではない」ということです。私が社会人1年目で苦労した理由はここにありました。

社会人は皆「真面目に一生懸命働いている」という前提で、私はずっと営業をしていました。しかし、大人の黒い部分をどんどん見ていくと、そして研修やコンサルティングを通して現場のビジネスパーソンと会話を重ねていくと、

「変に仕事を増やしたくない」
「責任のある仕事を自分はやりたくない」
「できるだけ楽に仕事を終わらせたい」
「残業なんかしたくない」

月　日　振り返りメモ

□ やってみた

□ できなかった

など、会社の目標やミッションよりも目先の自分の都合ばかりを優先した意思決定が溢れていました。合理性も何もありません。合理的に正しい提案をしても「面倒臭そうだからいいや」「なんか大変そうだね」「とりあえずなしで」と、理屈をひっくり返す「面倒」「とりあえず」という言葉が出てきて、最後は「やりたくない」という回答にたどり着くのです。

ここでのポイントは「必要性がない」「コストパフォーマンスから総合的に判断した」「他社との比較で」ではなく、「やりたくない」という感情で一蹴されることがあるということです。感情に勝る理屈はありません。人は感情で動く生き物です。感情的に「ほしい」「やりたい」もしくは「要らない」「やりたくない」があり、後から理屈を付け加えていくのです。

相手も人間です。カッコつけたいんです。だから直接「面倒」「嫌い」「要らない」とは言いません。「今回の件は社内で厳正に議論した結果、費用対効果の観点でＮＧとなりました」「現在の取り組みと比較すると、コスト的に難しい」「社内の今の運用

今日これやる　今日お客様に言われたことは、「本音だったか？」と後から一度疑ってみて、「本当はこうだったのでは？」と予測を立ててみましょう。どう聞き返せばそれを引き出せたかも考えてみてください。

フローを考えると、切り替える手間や現場の負担が大きすぎる」などのお断り理由が返ってくることももちろんあります。実際に、しっかりと検討いただいた結果、このような回答がいただけているケースもありますが、一定の割合で「色々言っているけど、目の前の担当者が面倒臭かっただけ」というケースが存在するということです。

これらの解答から「ニーズがない」と安易に判断するのは危険です。ほとんどの場合、「モチベーションがない」と捉えることで、営業としてやれること、アプローチの選択肢が増えるのです。

営業が提案している内容は「わざわざ新しいことをやる」内容ばかりです。営業という行為は「なんとかなっている」相手に、「わざわざ面倒（＝こちらの提案）を受け入れてもらう」ことです。

「とりあえずなんとかなっている状態」の相手に、「新しいことをする」「改善の取り組みを始める」は本人の仕事を増やすことにもつながるので、なかなかＯＫが出ないケースがあるんだということです。

月　　日　　**振り返りメモ**

□ やってみた

□ できなかった

人は変化を嫌う生き物です。また強制されれば反発したくなる生き物です。ここにも理屈はありません。変わる、変えられるということが「本能的に嫌い」というだけです。それを前提に考えられるか否かで、アプローチの質が変わります。

ではどうすればいいのか。「課題を提案する」が、売れる営業、成果を最大化する営業のアクションです。

今は便利な時代です。スマホで検索をすれば「なんとかしてくれる方法」がいくらでも転がっています。これからもどんどん便利になるはずです。

この便利さを実現してくれているのは、スマートフォンなどさまざまな「道具」です。圧倒的に発達した現代、多くの人は自分と向き合うよりも道具に向き合っている時間が圧倒的に増えました。

自分と向き合う時間が少なくなれば、当然課題や問題に気づくことも難しくなるのは必然です。また自分と向き合う時間が減ることで、漠然とした不安や不満を言葉にすることができず、新しい選択肢に一歩踏み出すことができなくなるケースも多いの

今日これやる

「ニーズがない」と判断した案件があれば、「もっとやれることがあったのでは？」という前提で、それをもう一度よく振り返ってみましょう。

です。活字離れが進み、またコミュニケーションも動画やスタンプで完結する（してしまう）昨今において、自分の悩みや考えを言葉にするスキルは落ちています。

さらに言語化する時間が少なく意欲も低くなっている現代は、「私は今これに困っている」「私がやりたいことは～～である」と言える人は減ってきているということです。

今の時代の「売れる営業」のヒアリング

営業ヒアリングで、

「御社の課題はなんですか？」

「何かお困りごとはありませんか？」

「ニーズはどこですか？」


と直接的に聞く、ダメなヒアリングをしてしまう営業がよくいます。昔は営業も対面

月　日　振り返りメモ

□やってみた

□できなかった

が前提で、価値観も画一的な時代でした。接待や関係作りが営業の土台にあった時代、かつ好景気の時代や技術の進歩が目覚ましかった時代には「聞けば教えてくれた」のも事実です。

時代も移り、企業の置かれた状況も変わってきました。そんななかで、いきなり悩みを聞いても答えられないのは当たり前なのです。では、どんなふうに聞けばいいと思いますか？　ＢＡＮＴ情報における良い聞き方・悪い聞き方をまとめると、次のように整理できます。

今日これやる
120〜123ページの表を見て、良くない聞き方をしてしまっているものがないかチェックしましょう。

Budget（予算）をヒアリングする質問

売れる営業	売れない営業
過去にこういった取り組みはどのぐらいの費用感で取り組まれていましたか？	ご予算いくらですか？
御社と同業の企業様だと○○円前後で実施されることが多いのですが御社も同じぐらいの想定ですか？	他社からはいくらで提案きてますか？（そこより安くします）
いくらを超えると検討の対象から外れますか？　金額によってレベル感や期待値も違うと思いますが	あとどのくらい値引きすればいいですか？
今回の検討の範囲でいきますと○○円と□□円だとどちらが近いですか？	いくらなら買っていただけますか？
安いに越したことはないと思いますがしっかりと成果を体感いただくために可能な予算の幅ってどのあたりですか？	いくらまでならいけます？

月　　日　　振り返りメモ

□ やってみた

□ できなかった

Authority（決裁権）をヒアリングする質問

売れる営業	売れない営業
こういったご相談はどなたとされますか？	決裁権ありますか？
○○さん（商談相手）がやりたいという気持ち前提の話にはなりますが社内で反発がありそうな人っていますか？	社長（上司）の決裁次第ですかね？
ご検討いただくにあたってこの人がキーマンだなと思い浮かぶ方ってどなたですか？	上司の方と話せます？
私としてはぜひと思っているのですが現時点で決めきれない理由や悩まれているポイントってどこですか？	今、この場で決められますか？
最終的な決定はどのような流れで御社（○○さん）は進められるんですか？	誰を口説いたらいけます？

今日これやる

自分がやってしまっている良くない質問の中から、これだけは一番に変えたいと思うものを決めて、今日はその質問を言い換えることを優先して意識してみましょう。

Needs（必要性）をヒアリングする質問

売れる営業	売れない営業
このあたりの問題が解決できたら一気にスケールできると思うのですが、いかがですか？	何かやりたいことってありますか？
これまでのお話を整理すると～～ができたらより良くなると思うのですが、いかがですか？	御社のニーズって何ですか？
例えば他社さんだとこういったご相談が最近増えているのですが御社はいかがですか？	御社の課題って何ですか？
正直、このあたりがもったいないのではと思っているのですが○○さんとしてはいかがですか？	困っていることありますか？
○○さんが個人的に取り組みたいことややりたいと思っていることってありますか？	何でアポイントをいただけたんですか？

月　　日　　振り返りメモ

□ やってみた

□ できなかった

Timeframe（導入時期）をヒアリングする質問

売れる営業	売れない営業
御社内で進めていただくにあたって必要なプロセスや時間を教えてください	いつまでに納品すればいいですか？
仮にご活用いただくとしたらいつまでに使っていただいた結果・成果が出ている必要がありますか？	期日ってあります？
仮にご活用いただくとしたらいつぐらいにスタートされたいですか？	なる早で対応しますね
以前教えていただいた予定から逆算すると、○日あたりにはスタートしないといけないですね	○頃or〜〜の時期になったら（例：夏頃、寒くなってきたら等で曖昧）ですかね？
先ほどのお話から考えると（踏まえると）○月頃までにスタート（導入）できていれば間に合いそうですね？	とりあえずやってみますか？

今日これやる

売れる営業の質問の中から、言ったことがないものを選んで覚えて、今日のヒアリングで使ってみてください。

お客様の「言葉になっていないもの」を言葉にする

人が行動を起こす理由を、私は方程式で考えています。

行動＝動機×能力×きっかけ

動機とは、言い方を変えればモチベーションです。「やりたい」「ほしい」という気持ちのことです。

能力は意外と盲点ですが、「自分ならできる」という自己評価です。

「私は勉強が苦手で、絶対に東大になんか行けるわけがない」と思っている人が、

振り返りメモ

月　　日

□ やってみた

□ できなかった

東大受験という行動はしませんよね。「自分ならできる」「私はできる」という評価・気持ちがあって、行動が生まれるということです。

営業において考えると、新しいツールを提案したときの「私には難しくて使いこなせない」「そんな最先端なもの私には（弊社には）早すぎる」「今忙しくて、そこまで時間を割けない」などのお断りは、この能力の要素が不足しているパターンです。

きっかけとは、トリガー＝銃の引き金です。それを引けば動き出すものや情報です。多くの営業はとにかく「きっかけ提供」を行なって、相手を動かそうとしますが、この引き金の内容も選択肢も少なく、なかなか相手を動かすことができないのです。

「ニーズは作り出せる」という幻想を捨てる

「今この商品がトレンドで」「この商品ですが、今非常にご好評いただいておりまして」と一生懸命商品アピールをして、「ほしい」と言われることを願う営業。「御社のお困りごとはなにかございますか？」「現在、何か新しいお取り組みのご予定はござ

今日これやる
相手をよく知るために、テレアポでアポイントがいただけたら、「当日何としてでも会ってよかったと思っていただきたいので、3つだけ質問させてください」と聞いてみてください。ヒアリングシートを送るより返答率も回答の質も高いです。

いますか?」など、相手にヒアリングをして後出しで提案をしたい、ヒアリング主導のように見えて結局は「困っている」「やりたい」と言ってほしいだけの営業。

これらの営業は「探客活動」をしているだけで、宝探しと同じです。「ほしい」「やりたい」「おもしろい」と言ってくれないかな、きっとこのターゲットならニーズがあるはずと期待して訪問や打ち合わせをするものの、「今予算がなくて」「とりあえず情報収集で」と言われ、撃沈して帰ってくる営業はまさにこの典型的なケースです。ほとんどの営業が「押し売り営業」か「お願い営業」になっているのです。

なぜこのような営業になってしまうのか。それは「ニーズは作り出せる」という幻想を持っているからです。これまでの成功体験が勘違いを生んでいるのです。

ニーズがあるか否か、それは営業が決めることではなく、お客様が決めることです。

ただ理解をしておかなければいけないことは、お客様が決めるという大前提はありながらも、**当の本人は気づけていないケースが多々ある**ということです。

月　日　**振り返りメモ**

□ やってみた

□ できなかった

お願い営業・押し売り営業が求めている営業プロセスをシンプルかつざっくり言えば、こんな感じじゃないでしょうか。

①商品をアピールする
②「ほしい」と言ってもらう
③条件を提示する
④「買う」と言ってもらう

ここで営業がしていることは、商品の機能や性能・効能を伝え、購入に際して必要なお金などの契約条件を説明しているだけです。つまり、単に商品説明しかしていないことがわかります。有形商材であれば、商品を見せて「ほしいですか？　ほしいですよね、であればこの金額を払ってください」という流れです。

スーパーやアパレルショップ、電器店、八百屋などは基本的にはこの売り方です。商品を陳列し、見たら買いたくなるという導線設計をしているわけです。

しかし、これは運任せの営業スタイルです。営業は会話を前提にした販売活動がで

今日これやる

あなたが扱っている商材で、よくお客様の決断のネックになっているものは、「動機」「能力」「きっかけ」のどれでしょうか？　その理由をあなたなりに考えてみてください。

きます。それなのにこの売り方をするのは「もったいない」の一言に尽きます。

営業にとっての言語化スキル

「なんとかなっている」「自分と向き合う時間が少ない」「モチベーションが高くない」相手に営業をすることが多いという前提で、私はアプローチを考えていきます。そこで必要になってくるのが「言語化スキル」です。

言語化ってよく聞く言葉ですが、営業においては、相手の頭の中にあるモヤッとしたもの、言葉になっていないけどなんとなく感じていることを代弁するスキルが重要です。ポイントは「相手の頭の中にある」ということです。まったく新しい言葉やメッセージは、相手には届きません。

私は昔、広告・マーケティング会社で営業をしていた経験があります。マーケティングの世界はLTVやCPAといったアルファベット用語が大好きです。私もマーケ

月　日　**振り返りメモ**

□ やってみた

□ できなかった

ティングの世界に入ったから、これらの業界用語をどんどん使おう、提案の中でも肝になるワードだし積極的に商談時も活用しようと、内定が出てすぐに、マーケティング用語集を買いました。

人間、知識を持つと使いたくなるので、商談時に知識をひけらかすように私は「今回のこの提案における目標のLTVは○○と考えており」とか「御社の現状のCPAを予測すると、他社と比較して○○となっており」とか言っていました。マーケティング会社の営業っぽい雰囲気を作り出すことには成功していましたが、相手にはまったく響いていませんでした。相手の頭の中にない言葉を使って提案・商談を進めているがために、響かない提案・商談になってしまったのです。

私は、「今回のこの提案における目標のLTVは○○と考えており」を「今回のこの提案をさせていただく中で、社長と一緒に目指していきたいのは1人のお客様から長く、できたら多く買っていただくために、まずは目標として1人のお客様から契約期間中にご購入いただく単価の目標を○○と考えており」と相手に合わせて言い換え

今日これやる
今日は「いかがですか？」ではなく「私が○○さんだったら〜〜を選びます。理由は□□なんですが、いかがですか？」と聞いてみましょう。「検討します」ではなく意見や感想がもらえます。

ました。

「御社の現状のCPAを予測すると、他社と比較して○○となっており」は、「御社のアポ単価は、他社と比較して○○となっており」に、ここももちろん相手に合わせて変えました。

こちらが使う言葉を変えると、相手の反応も変わるのです。言葉には力があります。気づきや学びを提供することもできれば、自分が使う言葉によって、捉え方や印象、解釈を変えてしまうこともできる力を持っています。

文字・言葉を大事にする営業は売れますし、適当に言葉を紡いでいる営業は売れなくなります。現代人は「自分で自分の考えを言葉にする」ことに慣れていません。だからこそ、営業がお客様の代弁者になることができれば、ニーズやタイミングに気づいてもらえるのです。

タイミングを作り出せる営業は「言われてみれば」「そういえば」「確かに」という言葉をもらうことが非常に多いです。それは相手の頭の中を理解し、予測し、仮説を立て、自分の言葉で相手と会話を重ねているからこそできることです。

月　日　**振り返りメモ**

□ やってみた

□ できなかった

アイデアと情報を提供する

「営業は情報提供が大事」「営業はとにかく足繁く相手のところへ通え」

これは今も昔もよく言われる王道ですが、50点の指示です。タイムパフォーマンスという言葉が言われるようになり、時間への意識が高まる昨今。「とりあえず来ました」「近くに寄ったので来ました」「顔出しに来ました」だけで喜んでもらえるのは、一定の関係ができてからです。孫の顔が見られるだけで幸せというおじいちゃんやおばあちゃんがいますが、これは「自分の孫」という関係があるからです。

もちろん、ビジネスパートナーである営業に、そこまでの感情的高まりは求められてはいませんが、これまでの関係性やつながりがあるから、顔を出すだけで喜ばれる

今日これやる

無意識に使ってしまっている専門用語・業界用語はありませんか？どう言い換えればお客様に伝わりやすいか、いくつか考えてみてください。

という営業がいるのも事実です。しかし、まだ関係が希薄だったり、新規開拓先だったりする相手に、「とにかく」「とりあえず」「なんとなく」は迷惑行為以外の何ものでもありません。

先ほど、タイムパフォーマンスという言葉を出しました。とにかく無駄な時間を削ればいいという話ではなく、パフォーマンス＝相手にとって価値のある時間を提供すべきということです。

「この営業はいつも有益な情報を持ってきてくれる」
「この人はいつもうちのために勉強してくれる」

こう感じてもらえたら、営業は一気に進めやすくなります。営業はラポール＝関係構築ありきです。知らない人からの提案は、どんなに正しくても警戒されます。嫌いな人からの提案には、「私の何を知っているんだ」と場合によっては怒りが生まれます。関係ができていない相手からのヒアリングに対して、本音をちゃんと教えてあげ

月　日　振り返りメモ

☐ やってみた

☐ できなかった

ようという気持ちにはなかなかなれません。

営業は相手の行動を引き出すためのコミュニケーションを常に意識しておく必要があり、そのためのコミュニケーションを怠るべきではないということです。そして、タイミングをマネジメントできる営業は、リードタイム（検討時間）やニーズ発見時間（相手自身がここに問題や課題があり、何かをしたいと気づく時間）、ペイン認識時間（この問題はお金を払ってでも早期に解決すべき重要問題だと認識するまでにかかる時間）を短縮することが上手いのです。

まかぬ種は生えぬです、売れる営業はしっかりと種をまき、水をやり、肥料を与え、花を咲かせ、果実を実らせて回収しています。そして、そのための準備・コミュニケーションを怠っていないので、周りから見れば「あの人はいつも案件を持っている」「問い合わせが絶えないよね」と見えるのですが、その裏側で**案件化するまでの準備に時間をしっかりと割いている**のです。

今日これやる
情報やアイデアの提供は、当たり前ですがまず自分自身にその知識がないとできません。新聞かWebニュースを読んで、役立ちそうな記事をストックしておきましょう。

1回で結果を出そうとしすぎない

結果は良いこと・悪いことも含め、取り組んだことに対するアウトプットです。ひと昔前の営業は即断・即決で回答を回収することが1つの美学でした。しかし、そういった経験や目標管理をしてしまうと、とにかく1回で何とかする営業が染み付いてしまうのも事実です。

多くの人は「押し売り」「売り込み」を嫌います。また、人は信頼していない人には本音を話しませんし、本気でこちらの提案を聞こうとはしません。警戒心、不快感、違和感を持っていては、相手の行動や決断は求めている方向にはいかないのです。

より良い商談をするためには、まずちゃんと会話ができる状態・関係を作る必要があります。この関係性が0、もしくは新規開拓のテレアポや飛び込み営業などのPU

月　日　振り返りメモ

☐ やってみた

☐ できなかった

SH型営業であればマイナスの関係性からのスタートの状態で「買ってください」と言われても、「間に合っています」「大丈夫です」となるのは当たり前です。

ここでのお断りは商品や提案の内容に対してのお断りではなく、まだ関係もできていない、よくわからないような営業からの営業行為はお断りという意味です。商品でもサービスでも提案内容でもなく、営業活動自体を私にしないで結構ですと思われているのです。

1回で成果が出たら理想ですが、継続的にコミュニケーションが取れる関係性を作ることを念頭におかなければならないですし、その継続したコミュニケーションの中でタイミングを「作る・見つける」やり取りが必要なのです。

今日これやる

お客様の社長・社員の声や採用ページのメッセージ、SNSの発信、リリースの内容などで使われているキーワードを、資料や営業メッセージに入れ込んでみてください。自分の話したい話ではなく、相手の言葉で相手の聞きたい話をしましょう。

「なぜ？」を伝えられるように準備する

一方で、継続的にやり取りをするからと悠長に構えていてはいけません。タイムパフォーマンスを意識する人が増えた昨今、のんびりしている間に他社が参入し、クロージングをしてしまうリスクがあることも忘れてはいけません。お客様自身が自分で情報収集し意思決定をしている可能性すらあります。

実際に、「顧客は購買プロセスの6割を営業に会う前に終えている」というデータもあります※。6割とは具体的にどの程度かというと、「認知：商品やサービスを知る」「興味：商品について関心を持つ」「検索：商品・サービスのリサーチ」「比較検討：他社商材との比較、情報収集」、ここまでです。ただこのデータも少し古くなっており、Ｗｅｂだけで購入・判断するケースもどんどん増えています。

月　　日　　振り返りメモ

☐ やってみた

☐ できなかった

それだけお客様のITリテラシーが高まり、自分1人で意思決定できる環境・状況ができたなかで、営業が「今」を訴求する必要性が高くなっているのも事実です。先ほどの話とは矛盾するように聞こえるかもしれませんが、闇雲に即断・即決を促せというわけではありません。「なぜ今必要なのか」を相手の目線でまず自分（営業）自身が考えることができているかが大事ということです。

営業が考えるべきは4つのWhyである。私は研修でよくお伝えしています。売る前に、売り込む前に「まず自分自身がこの提案に対して納得できているかどうか」、つまり自分自身をクロージングできているかどうか、ということです。4つのWhyとはこちらです。

※参考：ダイヤモンド・ハーバード・ビジネス・レビュー「ソリューション営業は終わった（The End of Solution Sales）」

今日これやる　「検討します」は100％断り文句というわけではありません。そう言われたら、「どうやって考えたいか」をちゃんと聞いてみてください。

Why You：なぜあなたに提案をしているのか
Why We：なぜ我々(私)があなたの担当をすべきなのか(お手伝いすべきなのか)
Why This：なぜこの提案内容なのか
Why Now：なぜ今なのか

求人媒体の営業を例に考えてみたいと思います。

Why You：現在、ハローワークや自社ホームページに求人が掲載されていて、事務職の募集がされていた

Why We：我々は「働きたい人に働きたい場所で」を提供する会社であり、貴社という「働く場」を作っていただいている会社の支援をさせていただきたく、かつ弊社の採用支援実績は1000社を超えている

Why This：弊社では事務系の求人の採用実績が豊富にあり、求人内容に書かれているスタッフの方の採用においてお役に立てる

Why Now：現在採用実施中のため

月　日　振り返りメモ

□ やってみた

□ できなかった

ここでの情報は○月□日の求人原稿・ホームページを見て考えられるストーリーです。ここに時系列を踏まえた情報を加えることができれば、より精度・ストーリーの納得度が上がります。

とある求人媒体（求人サイトA）に2ヶ月ずっと同じ求人原稿が掲載されており、さらに先週から他の求人サイト（求人サイトB）にも掲載がスタートした、という会社があったとしましょう。

Why You：複数の求人媒体に掲載をしている。求人サイトAには2ヶ月、さらに直近で求人サイトBにも掲載しており、採用活動を強化して進めており、当該職種の採用緊急度が高い
Why We：我々はスピード採用の支援をすることができ、最短で3日後から求人掲載が可能で、早期の採用実現の支援ができる
Why This：弊社では事務系の求人の採用実績が豊富にあり、求人内容に書かれてい

今日これやる

商談で「いつでも大丈夫です」「いつでもどうぞ」と言っていませんか？　これ、自分の提案や自分の価値を自ら下げる言葉です。今日の商談では、「今だけ」「今すぐ」「今だからこそ」と今やる理由を伝えてみましょう！

るスタッフの方の採用においてお役に立てる

Why Now：上記の通り、該当求人の採用が貴社急務であるため

このような仮説を立てることができます。

提案する前にこの４つを自分で即答できるレベルにクロージングできていなければいけません。自分が納得していないものを相手に売り込もうとすれば、仮に売れたとしても営業をしている自分自身のストレスは甚大です。

私はこれが理由で、何度も胃が痛くなり、金縛りで布団から出られなくなったり、山手線から降りられなくなった経験があります。決してそうはならないでください。まずは自分が納得して売ることが、自分のためにも相手のためにも重要なのです。

そして、この４つのＷｈｙをお客様と一緒に作ることができる営業が、営業成果をコントロールできる営業であり、お客様からも信頼される営業です。

第5章

タイムマネジメント

時間に対する
正しい意識を持つ

良質なルーティンが時間への意識を作る

人の脳は常に大量の情報・データをもとに判断をくり返しています。ケンブリッジ大学のバーバラ・サハキアン氏の研究では、1日に3万5000回の決断をしているという結果もあります。

3万5000回すべての判断を、自分の意思で決断できるでしょうか？　不可能ですよね。人間は、経験則や先入観によって自分なりの解を導き出す意思決定の仕組みを持っています。つまり、3万5000回の決断すべてが吟味した答えというわけではなく、自分の直感や感覚で決められたものが多数混ざっているということです。

営業活動も決断の連続です。営業には必ず相手が存在し、そして電話や対面・オン

月　日　振り返りメモ

□ やってみた

□ できなかった

ラインでの商談時のコミュニケーションでは、即座に返答・回答しなければいけない場面があります。

だからこそ、営業で成果を出すためには、圧倒的に「習慣」が大事だと私は考えています。今自分がどんな習慣を持っているか、回答やコミュニケーションの癖を持っているかが成果に大きく影響します。

営業の成果は一朝一夕では変わりません。私が経験してきた人材営業では、初めてのテレアポから1年後に初受注、２年後に取引開始というケースもありました。現在行なっている営業代行では、「10年前からブログを見ていました」とお問い合わせをいただき、今の取引がスタートしたというケースもあります。今日の頑張りが未来の受注・成果につながる、つまり日々どれだけ良質な積み重ねができるかで、未来の成果が決まります。

時間への意識を最大限高めるには良質なルーティンを持つことが正義である。この意識を持った上で、今自分が何をすべきかを考えることが大事ということです。

今日これやる

初めてのテレアポや飛び込み営業から受注までに費やした期間を確認しましょう。最近受注した案件から、３件振り返ってみてください。

タイムパフォーマンスを常に意識する

昔の営業はもっと考えることがシンプルでした。

売れれば正義。売れなければ悪。

私が中途で入った会社では、新卒入社の社員が夜の10時までテレアポをしているのは決して珍しい光景ではありませんでした。退勤時間に「お先に失礼します」と声をかけると「お疲れ様でした！」と元気な声が帰ってきて、その10秒後には「お世話になっております」「夜分遅くに失礼いたします」という声が飛び交うのです。さらに朝8時前に出勤すると「おはようございます」ではなくテレアポの声が聞こえてきます。

月　日　振り返りメモ

☐ やってみた

☐ できなかった

なぜそんな時間からテレアポの声が聞こえるのか。今週、今月のアポイント目標に届いていないからです。目標を達成できていなければとにかくやるしかないという時代があった（会社によっては今なお存在する）のです。

しかし、働き方改革や法改正が進み、営業の働き方も変わりました。会社としてこういった働き方や管理ができなくなっています。

成果が出るまでいくらでも時間をかけられた時代とは違い、今は限られた時間の中で成果を出さなければいけません。改めて現代の営業は時間への意識が強く求められるということです。

現代の営業に不可欠な「タイパ」の意識

この時間への意識を最近では「タイパ」と表現します。タイパ＝タイムパフォーマンスです。1つの成果に対して、どれだけの時間を費やしたのかという発想です。

今日これやる

同僚や先輩、上司に、「アポから受注までどれくらいかけているか」を聞いてみて、自分の現状と差はあるか、どれくらいの差なのか、分析しましょう。

しかし、自分がアポイント獲得や準備、商談にどれくらいの時間を費やしているのかを把握していない営業がほとんどです。「もっと時間を効率的に使いたい」「もっと時間を有効活用したい」とほとんどのビジネスパーソンはこのような考えを持ちながら、日々の時間の使い方に無頓着ということが少なくありません。

私が経営する営業ハックでは、「時間生産性」という言葉を使い、時間意識を持って営業をしてもらっています。

例えば、メンバーは、コールドリストと呼ばれる接点がまだない相手へのアプローチでは、まずは4時間で1アポという目標を追いかけています。

また誰かに時間をもらうにあたっても、この意識は常に話しています。例えば、同僚にテレアポのロープレをお願いするということは、その間営業はできなくなります。4時間で1アポを目指しているにもかかわらず、仮にロープレで1時間奪われたとしたら、その分どこかで3時間に1件、2・5時間に1件のアポイントを目指さなければいけなくなります。相手の時間を使っているという意識を持たなければ、時間という有限な資産を食い散らかしてしまうということです。

月　日　振り返りメモ

□ やってみた

□ できなかった

今までの日本は、とにかく成果を出すために働き続けること、残業が多いことが正義とされがちでしたが、**今は少ない時間で大きな成果を出す意識が不可欠**です。

「時は金なり」と言いますが本当にその通りで、「時間を掛ける＝コストが掛かる」という意識を常に持つべきです。営業ハックはフルリモートの会社で、全員が在宅勤務です。営業＝出社して競い合うという前提を外した会社ですが、リモートワークは出社というメリハリがない分、時間への意識が強く求められる働き方です。

よくスタートアップでは資金調達したお金があっという間になくなってしまうことを「溶ける」と表現しますが、リモートワーカーは「時間が溶ける」ということが起こりがちです。「気づいたらもうこんな時間」「あれ、もう午前中終わり？」という体験はまさに時間が溶けた最たる例です。

営業をしていると前々から入っていたアポイント、定例で入っている会議、部門で決まっているテレアポコアタイムなど、自分だけで決めた時間よりも周囲との兼ね合

今日これやる
「○時間で□件のアポをとる」など、今日は時間を軸にした目標を立ててください。

いや元々存在していたルールによって、予定が決まるということは少なくありません。しかし、その決定事項・時間の使い方に「〜〜を達成するために」「〜〜を実現するために」という目的・意図がなければ、本当にただ時間を溶かしてしまうだけになります。

「ルールだから」「決定事項だから」で自分の時間の使い方を決めていては、時間というコストの浪費です。あくまで営業は時間・コストを投資しなければいけません。投資は回収しなければいけません。掛けた分の時間・コストを成果に変えることが、営業に求められている役割です。

営業は社長以外に会社にお金＝キャッシュをもたらすことができる唯一の職種です。コストセンターではなく、プロフィットセンターであり、もっとシンプルに表現すると売上センターです。**コスト意識＝コストを減らす意識ももちろん重要ですが、掛けた時間で成果に還元する意識、最大化する意識が営業には不可欠**です。

月　　日　　**振り返りメモ**

☐ やってみた

☐ できなかった

1つの成果に使った時間を確認する

営業活動とは時間の投資だという意識を持つべきです。

あなたはその1件のアポイントをいただくために、何時間費やしましたか？　アポ率1％の営業は、100件電話をかけて初めて1件の商談を確保できます。100件の電話を5時間かけて行なったのであれば、1件の商談を得るのに掛けた時間は5時間です。そのリストを準備するために使った時間やコストはいくらでしょう？

商談を1件実施するのに、1時間準備を行ない、1時間御礼のメールや提案書、見積書を作ったりしていれば、費やす時間はどんどん増えていきます。

当然、失注するリスクもあります。営業は多くの失敗やうまくいかなかったことの上に成約・成果があります。成約率10％であれば、10商談を費やして9つの失敗と1

今日これやる

テレアポの通話時間を計測してみましょう。営業ハックの計測では、4分でテレアポを終話まで行なえた場合、アポイントにつながりやすくなるという結果が出ました。ぜひ意識してみてください。

つの受注があるということです。

自分の時間生産性を考えなければ、あっという間に成果を得られないまま1週間が終わってしまいます。気合いと根性では乗り切れない、乗り越えられない世界が営業には必ずあります。それは1日24時間、1週間は7日間、1年は365日しかないからです。

限られた時間で最大の成果を出す。当たり前のことですが、**時間意識とは「時間を無駄にしない意識」**です。時間を無駄にしないとは、成果につながらない時間を作らないということです。

月　日　**振り返りメモ**

□ やってみた

□ できなかった

「コミュニケーションはコスト」の意識を持つ

営業の仕事は、コミュニケーションを取る仕事です。そして、求められるシンプルな成果は、売上を作ることです。

つまり、日々コミュニケーションを積み重ねて売上に変える、これが営業という仕事の本質です。では今日の自分のコミュニケーションは売上につながるやり取りだったでしょうか？

・アポイントがもらえるからニーズはないけど会いに行く
・仲が良いから、呼ばれたからとりあえず訪問する
・架電数を積まなきゃいけないから、不通の番号だけど架電だけする

今日これやる

起きてから寝るまで、仕事の日は毎日どんなルーティンで過ごしていますか？　当たり前のことだからと省略せず、自分は日々何にどれくらいの時間を使っているのか、今日１日メモをとってみましょう。

・オンラインや電話で要件を済ませられるのに、社外に出たいからと訪問アポにする
・出社した方が効率が良いのに、リモートで乗り切ろうとする

これらはすべて、成果から最短ルートを歩むためのアクションではなく、自分の感情を優先したアクションです。営業・ビジネスにおいて、売上・利益はすべて数字です。そこには必ず理屈・ロジックを立てることができます。理屈を考えない、根拠がない判断は、感情に流された意思決定であり、成果を出すための行動ではありません。

営業はこういった「感情判断」が起こりやすい仕事であるといえます。

・泣いてお願いされたから、値引きに応じた
・友人だからと無理な納期を承諾してしまった
・いつもお世話になっているからと特別に無料にしてあげた

こういう営業は「良い人」と言われると思います。しかし、営業をビジネス的な観

月　日　振り返りメモ
□ やってみた
□ できなかった

点で見れば、その場その時は良くても、利益を削り、未来の自分やほかの誰かが負担を強いられる行為であるということを忘れてはいけません。

営業はコミュニケーションを重ねることで、会社に売上・利益、キャッシュをもたらさなければいけません。最小のコストで最大の利益を出すことが理想です。つまり、できるだけ少ない工数・コミュニケーションで成果を出すことができれば、営業として評価されるべき人材ということです。

さらに、コミュニケーションが少ないということは、相手からいただく時間も最小にすることができます。自分がたくさん話す、会話をする、やり取りをするということは、その分誰かの時間を奪っているという意識を持たなければいけないのです。

今日これやる

昨日とったメモをもとに、時間をかけすぎているところはないか、逆にもっと時間をかければ成果につながりそうなことはないか、見直してみてください。

「やるべきこと」と「やる時間」を意識する

「とりあえず」という言葉は思考停止の言葉です。

「とりあえずビールで」という言葉は、他にもメニューがあるし、選択肢があるのは知っているけど、「一応それで良い」という意味ですよね。「とりあえず」の辞書的な意味は「間に合わせの処置として」です。

営業という、相手を巻き込む仕事をするのであれば、「間に合わせの処置として」のやり取りやコミュニケーション、提案は避けなければいけません。時間を有効に使うためには「根拠を持ったアクション」をいかに増やすか、ここが重要です。

「忙しいのに売上が伸びない」

月　日　**振り返りメモ**

□ やってみた

□ できなかった

「タスクはいつも溢れているのに成果が出ない」
「いつも最後まで残業をしているのに受注が少ない」
「カレンダーには予定がびっしりなのに、受注がない」

こういった悩みを抱えている人は、改めて自分の時間の使い方を見直してみてください。「とりあえず」をやめて「時間がない」から脱するコツをお伝えします。

▼必ず期限を決める

1つ1つの仕事に期日・期限を設けてください。期日・期限は2つあります。「最終的に完了していなければならない完了期日を決めること」「実際に作業を何時までに終わらせるのかという作業時間を決めること」です。これだけでダラダラ仕事をすることが大きく減ります。

▼やらないことを決める

やらないことを決めるためには2つのステップが必要です。

今日これやる 対応しなければいけないことがあるとき、「○日□時まで」と自分で〆切を設定してください。「なる早で」はNGです。

---

①自分のやらなければいけないこと、やりたいことを洗い出す
②洗い出した作業に優先順位をつける

この2つです。

大事なことは、やりたくないこと＝やらないことにしたり、やりたくないこと＝後でやることにしたりしないことです。

▼空き時間にできることをする

空き時間を意識してみると、電車での移動時間やミーティングの間の時間など、意外とたくさんあります。細切れの時間をいかに使うか、これだけでだいぶ作業効率は上がります。私はこれで、残業時間がだいぶ減りました。

▼朝に仕事をする

朝の時間は、夜に同じ仕事をするよりも作業効率が大きく違います。人によって

月　日　振り返りメモ

□やってみた

□できなかった

は2倍違うという人もいるくらいです。実際、私もメルマガを打つのに、夜は1時間かかるのに朝だと30分で終わる、ということもありました。

大切なのは「やるべきこと」と「やる時間」を意識することです。営業で成果を出すためにやるべきことをシンプルに考えると、

- リスト（営業先の確保）
- アポイント（商談の確保）
- 提案（見積書や提案書の提出）
- 受注（契約締結）
- 売上（受注数×顧客単価）

この5つです。つまり、営業活動において、この5つの要素を増やすため、上げるための動き以外は、営業成果には貢献しないということです。

今日これやる

156ページの「やらないことを決める」2つのステップを実践してください。洗い出して優先順位をつけましょう。

今日、自分が営業活動をする中で「リスト」「アポイント」「提案」「受注」「売上（顧客単価）」を上げる動きができたか否か、常にここを意識しなければ、成果から遠ざかる時間の使い方になります。

社内の会議やミーティングは、大抵の場合この5要素を増やす活動ではありません。また提案書の作成や会議資料の作成も同様です。提案書は提案回数にカウントできると考えられがちですが、提案書をどれだけ作り込もうが1回の提案に回数の差は生まれません。もちろん、この提案書作成を受注（成約率）や売上（顧客単価）アップにつなげる意識が持てているのであれば良いですが、作り込まれた提案書よりも電話で細かくコミュニケーションを取った方が、私の経験上成約率が高いです。

次ページの表を見てみてください。新卒1年目の私と上司の初回商談から受注までの動きの違いです。どちらも同規模の案件を受注できたのですが、上司は1件の受注をいただくのに2時間20分で成果を上げていました。一方私は7時間超です。上司は私の半分以下の時間で成果を出しています。この違いは、相手が存在することを認識

月　　日　　振り返りメモ

□ やってみた

□ できなかった

受注までの時間工数表

上司の時間の使い方		かけた時間	新卒1年目の私の時間の使い方		かけた時間
初回商談	相手あり	1時間	初回商談	相手あり	1時間
メール議事録		20分	お礼メール		10分
簡易提案書		15分	議事録資料作成		30分
電話MTG	相手あり	10分	提案書作成		1時間
簡易提案書ブラッシュアップ		15分	商談日程調整		10分
電話MTG	相手あり	10分	商談	相手あり	1時間
見積書		10分	提案書再作成		1時間
			見積書作成		10分
			商談	相手あり	1時間
			提案書再作成		1時間
			見積書再作成		10分
	合計	2時間20分		合計	7時間10分

今日これやる

上記の表を参考に、あなたも最近の受注の「受注までの時間工数表」を作ってみてください。改善できるところがないか、確認しましょう。

しているか否か、つまり相手との会話を最大限活用しているかどうかです。

もう1つの失敗はすべて自分でやろうとしていたことにあります。請求書、提案書、見積書など、営業はお客様に提示・提案しなければいけない資料がたくさんあります。調べなければいけない情報も同様で、私がいた人材業界は法改正も多く、さらにお客様の業界ニュースなどもあり、すべてをキャッチアップすることは難しいです。それにもかかわらず、「自分でやらなければ気が済まない」という気持ちが強く、全部自分でやろうとして時間が足りなくなるということが多々起こっていました。

早く大きな成果を出せるのは、「周りの人の時間」もうまく使える人です。結局自分1人で営業をやっていると、入ってくる情報の量も質も限界があります。さらにもったいないのは、自分から声をかけないために情報が集まらない人になってしまうということです。

月　日　振り返りメモ

☐ やってみた

☐ できなかった

「カスタマーサクセス」の意識を持つ

多くの営業はトラブルやクレームが発生してから対応を始めます。突発的に起こった問題に時間をとられ、やるべきこと・成果につながることが後回しになってしまう。そういった状況に陥ってしまう、お客様に振り回される営業のほとんどが、お客様を放置しているというケースが大半です。それは意識や行動が「カスタマーサポート」になっているからです。

例えば、「スマートフォンの画面が映らなくなってしまった」というお客様がいたときに、トラブルシューティングをしたり新しい端末への交換サービスを提案したりするのがカスタマーサポートです。

「カスタマーサポート」の意識で営業を行なっていると、当然「後手」にまわることになります。そして、予定外の行動が増え、自分で自分の時間をコントロールでき

今日これやる

カスタマーサクセス成功のコツは「相手の購入理由」を明確に理解することです。「売れた！」で満足せず、「なぜ買う決断をしたか」の理由をしっかり確認しましょう。

なくなってしまうのです。

一方、「先手」のとれる営業は「カスタマーサクセス」の意識で動いています。カスタマーサクセスは事前にお客様の困りごと、困るであろうことを想像してアクションやコミュニケーションをとります。そうすることでお客様からの問い合わせは少なくなり、計画的に成果につながるアクションに時間を割くことができます。

例えば、私が行なっていた人材営業であれば、毎年の傾向やタイミングを予測して、発注やオーダーがくる前に「そろそろ〇〇職の募集の時期ですね」と声をかけたりしていました。広告営業のときは「他社で最近Facebook広告に力を入れているみたいですが、御社内でもそういったお話って出ていらっしゃいますか？」と声がけを行ない、Ｙｅｓをいただいたらすぐに提案できる準備をしていました。

カスタマーサクセスは「困る前に準備をしておく」を徹底することです。

その意識を常に持ち、成果のために効果的に時間を使いましょう。

第6章

データマネジメント

自分の営業を数字で振り返る

成果を出し続けるための再現性

サッカーのシュートや野球のバッティングには、明確な目的が設定されています。それは「点を入れること」です。サッカーも野球も「相手よりも多く点を入れたら勝ち」という競技です。やらなければいけないことは「相手に点を入れさせない」と「自分は多く点を入れる」という2つだけです。

ではシュートやバッティングにおいて、点を入れるための行動の正解は何でしょうか？　サッカーは、相手が考えているよりも速いシュートを蹴ることができれば、点が入る確率が上がります。野球のバッティングであれば、フェンスを超えるだけの飛距離を出すことができれば、ホームランとなって確実に点が入ります。

点が入る確率の高い行動を見極め、再現性が高い状態を作ることができれば、試合

月　日　振り返りメモ

□ やってみた

□ できなかった

に勝つことができる確率は必然的に高くなるということです。

「再現性」は昨今の営業における重要なキーワードです。再現性を定義すると、

- 同じ場面・状況になったときに同じ行動を取ることができ、同じ成果を出すことができる
- 場面・状況が変わっても、過去の経験・知識を活用・応用し、成果を出すことができる

この2点です。一言で言ってしまえば、いかなる時でも成果を出せることが再現性です。これはよく勘違いされていて、「同じ行動を取ることができる」が再現性と捉えられがちです。しかし、どんなに同じ行動や対応ができたとしても、成果が出なければ意味がありません。

営業ハックはテレアポ代行を事業の1つとして運営しています。架電をしてくれている50名近くのメンバーが、さまざまな会社の営業パーソンの代わりにテレアポをし

今日これやる

日報って書いていますか？　成果が出たときも出なかったときも、「明日もくり返しやりたいことは？」「今日をもう一度やり直せるなら？」の２つを考えて、ちょっとした気づきでいいので書いてみてください。隙間時間に１日を振り返る時間を作りましょう。

ています。これまで活躍してくれたメンバーを含めると、100名を超えます。それだけのメンバーをみていると、当然ながらすぐに成果が出る人もいれば、最初は成果が出にくい人もいます。

そのなかで、「ロープレは完璧なんだけど、本番に弱い人」がいます。このパターンに陥っている人が、再現性がない人です。

当たり前ですが、会話やコミュニケーションを取る仕事である営業・テレアポにおいて、まったく同じ場面に遭遇するということはあり得ません。同じ人と会話をしていても、その日その時でテンション・気分が違い、会話の雰囲気は変わります。同業他社、同じ地域の人であっても、人が変われば会話は変わります。

この「変化」に対応できない人、つまり再現性がない人が本番に弱いタイプになってしまうのです。野球でいえば、素振りのフォームは綺麗だけど、まったくボールに当たらないという人ですね。

フォームを固めることは重要です。守破離《しゅはり》という言葉があります。成長のためのス

月　日　振り返りメモ

□ やってみた

□ できなかった

テップでまずは基本を守り（守）、身につけてそこから自分で応用し（破）、最後は自らの基本を作る（離）という考え方です。ダメな人ほど、最後ではなく最初から自分の基本＝我流を作ろうとしてしまうのですが、やるべきことはまずは先人たちの経験を活用することです。

正しい行動＝成果が出る行動を発見するためには、闇雲に行動量を増やすだけでは実現することができません。一時的に成果を出せる人、例えば四半期ごとに営業の表彰がある会社で年に1回トップになる営業は、気合いと根性だけ、行動量だけで営業をしているケースが多いです。行動量が多いので、上手くハマったときは大きな成果が出ている人です。

成果が継続・安定しないのは、行動量だけで成果を出しているため、自身の中でナレッジがたまらず、運任せの営業になってしまっているのです。無礼承知で言ってしまえば「博打型営業スタイル」です。

今日これやる

そもそも、あなたの所属している会社や組織の基本の営業の型はしっかり身についていますか？　改めて振り返ってください。そこを守れていない人は一度基本に戻ってみましょう。

安定して成果を出している営業は、自分の営業を言語化できます。つまり、言葉で自分の営業を説明することができます。

昔話ですが、私は社会人1年目でトップセールスになり、1年目の後半からは社内の採用ページに載ったり、新卒採用で学生さんからOB訪問、面談などを受けたりしていました。つまり、会社の顔としてアピールする素材に使われていた時代です。

人事からも「我が社の最年少トップセールス」と紹介をされて面談をするので、学生さんも目をキラキラさせながら、質問をしてくれます。そこで一番聞かれた質問が「どうすれば営業でトップになれるんですか？」です。当時の私の回答は「気合いだけだよ」と伝えていました。

これは最悪なパターンです。私は2年間トップセールスで、そして部署が異動となり、社内ベンチャーの立ち上げをすることになりました。そこでの1年間はまったく売れない営業マンになりました。そこに私の営業の限界があったということです。

月　日　振り返りメモ

□ やってみた

□ できなかった

「検証量」「改善量」を増やす

「何でも売れる営業」が偉いとは私は思っていません。ただすごいとは思っています。それは営業の再現性を突き詰めているからです。営業の再現性を違った観点から捉えると、

- 誰でも売れる
- 何でも売れる
- いつでも売れる

という状態を作っていることにあります。ここで一番難しいのが「誰でも売れる」です。自分以外の人も売れるようにすることは、説明できなければ売れないからです。

今日これやる

今日はテレアポや営業のトークスクリプトを作ってみてください。トークスクリプトは話すための台本ではなく、検証・改善するための基準です。基準がなければ良いか悪いかの判断はできません。

「何でも」「いつでも」は自分だけの問題であり、多少説明ができなくても、自分の感覚の中での理解があれば乗り越えることができます。

残念なことに私は営業の天才ではないため、ちゃんと言葉にして残せる状態にしないとダメだということを知っています。そう感じた理由は、私自身の営業力が格段に伸びたと感じたタイミング、私の営業人生のターニングポイントになった2つの時期にあります。

1つは学生時代のインターンシップ。私は営業のインターンシップを合計3社経験して社会人になったのですが、1社目は空気清浄機の飛び込み営業、2社目は新卒紹介を行なっている人材会社でした。ここでのマネジメントや教育は「とりあえずやってみて」「やってるうちにわかるから」というスタンスでした。結果、最後まで勘所が掴めず、1社目の飛び込み営業は半年間やり切りましたが、2社目の人材会社は2ヶ月でクビになりました。ただ3社目のITベンチャーで、初めて営業を論理的に考える術を教わりました。今では当たり前ですが、自分の営業を数字に落とし込むとい

月　日　振り返りメモ

□ やってみた

□ できなかった

う発想に目から鱗だったことを今でも覚えています。

最初の2社のインターンシップでは、活動量と成果しか見ていません。なので、結果が出なければもっと頑張る、しか選択肢がないのです。ただ3社目のインターンシップでは、営業では「架電数、接触数、アポイント承諾数、商談数、成約数」と5つのステップに分解して、さらに「接触率、承諾率、商談率、成約率」をチェックして、自分のボトルネックを見つけなさいという指導を受けたのです。すると、私の課題は成約率の低さにあることがわかったのです。

気合いと根性で「とりあえず会ってください」「お話を聞いていただければ損をさせません」と威勢よく話しているので、話を聞いてくれたり、会ってくれたりまではするのですが、最後お金を払うとなったときに相手に納得のいく説明ができていなかったということを、数字から読み解くことができました。

営業の向き合い方を学び、そこでやってきたことをそのまま社会人1年目になってから取り組んだら、同様に成果を出すことができたのです。

今日これやる

ボトルネックになり得るポイントを意識しつつ、あなたがやっている営業のステップを分解してみてください。分解するために考えてみるだけでも、なんとなく自分はどこでつまずくことが多いのか見えるはずです。

またもう1つのターニングポイントが、会社に隠れてこっそりやっていたブログです。私のブログは営業に関することしか書いていません。ただそこで、自分の体験したことや考えていることを文章にする習慣を身につけることができたのが、非常に大きな財産になっています。私は社会人2年目で初めて部下を持ちましたが、その部下は非常に伸び悩みました。今会って話せば、まず謝罪をします（というよりも、私が会社を辞めてから数年後に再会したときに、実際謝りました）。

当時の私の教育は「もっとやれ」「やる気があるのか」「本気でやってたら、そんなことはしない」というレベルの話しかできてなかったからです。

私の祖父母は、祖父が祖母に「おい」と言ったらとても自然な流れでお茶が出てくる、まさにツーカーの関係です。そんな関係性もできていない部下に、「あれ」「それ」「これ」と言っても理解できるわけがないですし、マネジメントにおいて対話もなく怒鳴り散らすだけの育成スタイルで、成長するわけがありません。ただ当時の自分を振り返り、言い訳をさせてもらえれば、自分に部下を育てるだけの言葉の引き出しが

月　　日　　振り返りメモ

□ やってみた

□ できなかった

なかったのです。

ただ、ブログを書く、自分の営業を文字に起こすとなるとそうはいきません。言葉にしないと文字数が増えないのです。当時は1記事3000文字程度を目標に書いていました。3000文字を埋めないといけないのです。ブログを続けてきた今では、本気で記事を書くと1万文字は普通に書けるようになりました。

この2つのターニングポイントを通して、言葉で自分の営業を説明することの必要性を実感しました。そして、その**言葉で営業を説明するためには、「検証」と「改善」の数を増やすことが重要なのです。**

今日これやる

発信しなくてもかまわないので、自分の営業を文章にしてください。
2000字を目標に、徹底的に書き出してみましょう。

数字で成果をイメージして行動する

「とにかく量をこなす」「とりあえずやってみる」。これまで多くの会社の営業研修やコンサルティングをさせてもらう中で、一歩目を踏み出せるファーストペンギンの存在はとても重要であると感じています。周りがまだ動いていない中で、最初に動ける人は1～2割ぐらいです。ただ、それだけでは足りないのが、高度化した現在の営業です。

そこにもう1つ、**具体的な仮説を持って動けるかが大事**になります。

「このアクションをすることで、□□の数値を○％改善する」
「運用を□□に変えることで、○件の目標を達成する」

月　日　**振り返りメモ**

□ やってみた

□ できなかった

「□□を行なうことで、相手の○○の気持ちを引き出す」

など、自分が行なう行動によって得たい成果や変化をイメージして取り組むことができる人材はさらに希少になります。営業として成果を出し続ける人材は、量と質どちらもバランスよく高水準の数字を担保しています。

量質転化という言葉がありますよね。「量をもって質と成す」と言われ、簡単に言えば量を積み重ねることで質が向上するというものです。ただ営業はそんな簡単な話ではありません。闇雲に動いていて、時間が経てば成果が自動的についてきてくれるのであれば、ベテラン営業パーソンは全員売れていなければおかしいですよね。10年も営業をすれば、全員がトップセールスになっていなければ辻褄が合いません。

正しく量を重ねることが、質を作り出し、その正しさを作るためには検証と改善を重ねることが大切なのです。

今日これやる

具体的な数字でこれから1週間の目標を立ててください。なんとなくではなく、これまでの検証をもとに決めてくださいね。

自分の営業を数字で確認する

検証・改善をするといっても、何から始めればいいのかという方は多いです。まずやるべきことは「数字で自分の営業を語れるようにする」ことです。

数字で語るためには、自分の営業を分解し、その項目に合わせて数字を取ることが必要です。項目を分解するためには逆算とロジカルシンキングが重要です。

売上＝受注数×顧客単価
受注数＝案件数×成約率
案件数＝商談数×提案率
商談数＝アプローチ数×アポイント獲得率

月　日

振り返りメモ

□ やってみた

□ できなかった

というように式にして考えることがポイントです。またより細かく分解をすることもできます。例えば営業ハックのテレアポ支援では「担当者接触数」を１つのキーアクションにしています。

そこにたどり着くために分解をすると

担当者接触数＝コール数×担当者接触率

として終わりにするのではなく

担当者接触数＝コール数×担当者取次依頼率×担当者取次承諾率

というように、もう一歩踏み込んで分析することもあります。ちゃんと依頼ができたのか、依頼をした上で断られているのか、ここを明確にしたいからです。

今日これやる　自分の営業を分解してみて、これから１ヶ月間のキーアクションを決めましょう。

例えば、受付代行や受電代行サービスを使っているケースでは、電話はつながるし、話もできているのに、担当者にはつながらないなど、数字だけでは気づけない問題が発生します。こういった問題に気づけるようにすることが大切なのです。

ただ、いきなり細かく数字を取ろうとしても、分析しきれないので、**まずは大きく分解して、ボトルネック（足を引っ張っている、著しく数値が低いところ）をさらに細かく分解するのがおすすめです。**やりがちな失敗は「とにかくたくさんのデータを集めようとすること」です。結果的に、データ収集で忙しくなり、使われないデータだけがどんどん溜まっていってしまいます。分析すべきポイントを定めて、必要なデータを集めることを常に意識していくことが大切です。

こうやってさまざまなポイントから分析を重ねていくと、

- 担当者接触率は15％
- 日程提示率は70％

月　　日　　振り返りメモ

□ やってみた

□ できなかった

- 日程提示からのアポイント獲得率は10%
- 情報提供打診アプローチでの商談実施からの案件化率は60%
- 成約率は20%
- 継続率は80%

など、自社の営業、自分の営業が健全に進んでいるか否か、アウトバウンドやテレアポにおける勝ち筋を発見することができます。営業において大事なポイントは、勝ち筋・勝ちパターンを早期に発見し、その数字を維持するために問題発見をしたらすぐに検証・改善を重ねることです。

だからこそ、営業ハックの営業支援は「成果の納品」ではなく、「勝ちパターンの納品」と謳っています。アポイントや成果を一時的に作ることはできる、しかし継続して成果を出し続けるためには釣果（成果）よりも釣り方を発見することが大切と考えているからです。

今日これやる
キーアクションにたどり着くために必要な要素の、数値や確率を分析してください。まずはざっくりとでかまいません。

数字を交えた根拠を示す

自身の営業を語れるようになる、それも根拠・エビデンスを持って話せる営業には、信頼が集まります。転職活動においても、市場価値の高い営業として、確実に評価されます。

なぜか。**営業手法やアプローチの再現は難しくても、分析し、課題を発見し、改善策を打ち立てられる人材は、成果の再現性が高い**からです。感覚派からの脱却は、自分の営業を事実と数字を交え根拠が示せる営業になることです。

「私は感覚で営業をしているので」
「私の営業は愛嬌でやっているので」

月　日　振り返りメモ

□ やってみた

□ できなかった

と自分の営業を話す方がいますが、私からすれば分析をサボっているだけです。愛嬌だって再現できる可能性は大いにあります。

「このタイミングで挨拶をするのが相手との距離感を縮めやすい」「提案前に必ずヒアリングさせてもらった内容の確認とその合意を得てから、提案を始める」「ヒアリングをする前に、質問の意図と目的を伝え、質問をすることの承諾を得る」など、いくらでも説明することができます。

「誠実」「真面目」「清潔感」「愛嬌」「関係性」「丁寧」など、定性的な言葉や抽象度の高い表現で自分の営業スタイルを理解していたとしても、そこから「何をしているから、相手にそう感じてもらえる確率が高いのか」を分析することが必要なのです。

そして、分析した内容が事実か否かを「数字で根拠を後からつける」でOKです。分析というと、どうしてもデータを集めて考えるとなりがちな人が多いですが、仮説を考え、見当を立ててから、正しいか否かを確認するのも1つの方法です。

今日これやる

自分や上司の営業で、「これが成果につながった」または反対に「うまくいかなかったのはこれが原因だ」と思う行動や要素を言語化してください。そして、なぜそうなったのか？　の仮説を立てて、それを裏付ける根拠となるデータも探してみましょう。

日々の活動を「コンテンツ化」する

ただなんとなく日々の営業ルーティンをこなす状態から、分析・検証・改善、すなわちPDCAを正しく回すことができるようになれたら、もう1つできることがあります。それが「コンテンツ化」です。

私は営業支援という仕事柄、X（旧Twitter）やYouTube、TikTok、ブログなどで営業について発信する機会を作っていますが、ぜひ自分の営業を語れるようになって、そして発信をしてほしいのです。

現代の営業は今まで以上に「新規開拓」が難しくなっています。1：5の法則と呼ばれる理論がありますが、これは新規開拓での営業活動は既存のお客様からの受注獲

月　日　振り返りメモ

□ やってみた

□ できなかった

得活動よりも5倍のコストがかかるという理論です。これは体感値でも、5倍大変と言われたら「たしかに」と感じることは多々あります。

相手の情報・ITリテラシーが高まり、新規営業への警戒心も高まり、コミュニケーションを取ろうにも受付や電話代行サービスで止まってしまい、そもそも話をしたい担当者とすら話せないという時代です。

それだけ話すまでの壁が分厚くなっている今、「会ってください」という営業ではなく、「会ってほしい」を作る営業のスタイルや準備は重要ですが、一方で今までは組織として展示会やセミナーを開催しなければできなかったことが、個人でもできる便利な時代になりました。

だからこそ、根拠のある発信ができることは、今の自分も未来の自分をも救ってくれる術なのです。

今日これやる
この章を通して検証してきた「自分の営業」について発信してみましょう。まずは同僚に伝えてみるだけでもOKです。発信することのハードルを下げてください。

第7章

商談マネジメント

商談の基本ステップを着実に進める

商談プロセスを分解する

私はとある会社で「営業人材の育成プログラム」を3年かけて一緒に作るプロジェクトを行なっています。そこで作っている1つのテーマが「エンゲージメントを高める」というものです。

エンゲージメント＝深いつながりをいかに作るのか、そのための関わり方や接点をどう作るのか、ここまでは関わり方や営業の向き合い方を考えてきましたが、商談という観点からも考えていきたいと思います。

私は営業・商談のプロセスを整理するとき、そのステップをラポール→ヒアリング→プレゼン→クロージングの４つに分解することが多いです。

月　　日　　**振り返りメモ**

□ やってみた

□ できなかった

営業の基本ステップ

商談は基本ステップを着実に進める意識と
前工程がしっかりできていないときは戻る勇気が大切

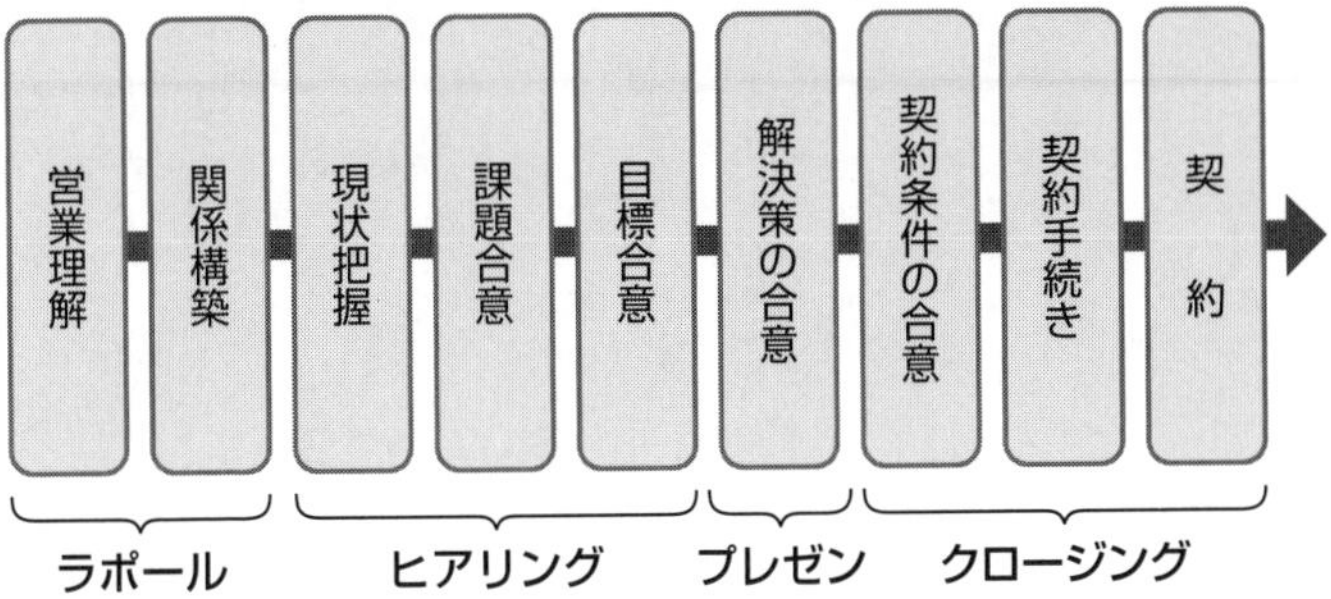

このステップで営業を進めることが重要であり、順番を間違えるとうまくいきません。当たり前ですが、ラポール（関係構築）ができていない相手から、色々質問を受けたところで、本音で答えたり、自分の現状を事細かに相手に伝えたりしようとは思わないですよね。ヒアリングがちゃんとできていないのに、提案（プレゼン）はできません。プレゼンテーションは後述しますが、解決策の提示です。解決すべきものが定まっていないのに、提案すること自体矛盾しています。

また、ぜひ大事にしてほしいことは**「戻る勇気」を持つ**ということです。ヒアリン

今日これやる

自分がどんなふうに商談を進めているか意識できていますか？　一度書き出してみて、どこでうまくいかないことが多いのか再確認してください。

グがうまくいかないと悩む営業の多くは、ヒアリング力を高めようと考えます。自分に足りないのは質問スキルや質問のレパートリーだと思い、ヒアリングが上手い人に同行したりアーカイブを見たりして、ヒアリングのスキル・能力を高めようとするのです。ただ頑張っているのに成果が出ないのは、そもそもそのスキル・能力を発揮する場が作れていなかったということに気づけていないのです。

多くの営業はスキルや技術、知識を身につけますが、能力を発揮する場や環境を作る意識が低いことが多いです。ヒアリングを効果的に進める、その場を作るのがラポールであり、関係性ができている状態が営業の土台です。プレゼンもクロージングも然りです。だからこそ、前工程に戻る勇気を持つことが営業を成功させるコツなのです。

月　日　振り返りメモ

□ やってみた

□ できなかった

ラポールのコツとポイント

営業には色々なアプローチ方法がありますが、どんな営業スタイルであったとしてもこのラポールは不可欠です。

ラポール＝信頼関係の構築ができていなければ、良い営業を行なうことはできません。

- 相手は本音で自分の考えや状況を教えてくれない
- 自分の話を信じて聞いてくれない
- どんなに良い提案でもお金を払ってお願いしようとは思えない
- 警戒心が先立ってしまい、会話のキャッチボールすらもできない

今日これやる

今日は相手よりほんの少しだけ早口で話してみてください。話すテンポを上げるだけで印象が変わります。大事なのは「相手に合わせた」ちょっとした早口です。

営業とお客様の関係、ビジネスの関係においては、自分の課題や困りごとを解決してくれるパートナーなのか、を相手は見定める必要があります。

ただ、勘違いしてはいけないことは、営業とお客様の関係は友達付き合いではないということです。ビジネスにおいて、相手は見返り・報酬というベネフィットに対してお金を支払ってくれていることを忘れてはいけません。つまり、仲良くなれればいいということではなく、頼ってもらえる関係を築くことが大事なのです。

「関係を築く（関係構築）」と「信頼を得る（信頼構築）」は似た言葉ですが、イコールではありません。

関係構築：つながりを持つための行動
信頼構築：自分を信じて、頼ってもらうための活動

月　日　　振り返りメモ

□やってみた

□できなかった

営業が目指すべきは信頼構築であり、関係構築に留まってはいけません。知らない人を信頼することはできませんし、何の接点もない人を信じることはできません。つまり、関係構築を重ね、徐々に信頼を築いていくためのアクションを積み上げていくことが重要です。

ラポールは一過性の状態や一時的なアクションではない

「ここって関係構築できてるの？」
「ここって信頼得られてるの？」

という上司と部下の会話をよく耳にします。結論、そんなことわかりません。ましてや営業とお客様という立場では「お題」によって関係性は変わってきます。

私は人材営業をずっとやってきました。新卒2年目までは、派遣を中心に営業をしていました。「派遣で困ったら笹田くん」という認識を持っていただいていたお客様

「お客様」と呼ぶのをやめて、名前で呼びましょう。距離感が縮まります。「〇〇様」よりも「〇〇さん」と呼ぶとなお良しです。

は多数います。しかし、私に財務や経営、恋愛（1人だけ、恋愛相談をもらった方はいましたが（笑））などの人材領域以外の相談はありませんでした。
また、人材領域には派遣業だけでなく、正社員採用、アルバイト・パート、媒体、評価、教育・育成など、細かく分類すれば、やれることは多数ありますが、どんなに派遣で貢献しても、他の領域の相談はなかなか増えませんでした。

人の信頼、ビジネスの信頼は「特定の分野において」起きるものであり、他分野へ信頼をシフトさせていくためには、関わり方の工夫が必要です。もちろん、1つの分野での成功や信頼が無意味ということではなく、ポジティブな影響を与えることは間違いありません。ただ、1つの信頼を放置していても広がることはなく、かつその信頼も時間とともにどんどん薄れてしまうということを覚えておいてください。

営業における放置とは、お客様との関係を放棄していることと同じなのです。

月　日　振り返りメモ

□ やってみた

□ できなかった

営業活動のすべてがラポールだと考える

ラポールは「ペーシング（話すスピードやテンポ、声の大きさや高さ、相槌の頻度・タイミング、を相手とそろえること）」や「ミラーリング（相手の振る舞い、動作、表情などを真似ること）」「バックトラッキング（相手の言葉をおうむ返しで返すこと）」などのテクニックを駆使すること、またその実行度合いで、関係性ができた、信頼を得られたと思い込んでいる営業が多くいます。

しかし、私も営業を受けることが多いですが、

「あ、この人今ペーシングをやろうとしている」
「やけにこの人、私の言っていることを真似てくるな」

今日これやる
相手を褒めるとき、「すごいですね」「勉強になります」「さすがです」とセットで「だから一緒にやりたいんです」「だからお手伝いしたいんです」と伝えてみてください。提案の印象がガラッと変わります。

など、テクニックで歩み寄ろうとしている人は大抵バレます。人の心はテクニックでは動きません。
もちろん、相手を不快にさせない最低限のマナーや理解しておくべき人間心理はありますが、これは「嫌われない工夫」です。
飛び込み営業で、居留守を使われ続けたら何もできないですよね。テレアポで電話に出てもらえなかったら、ガチャ切りされたら、そこにチャンスは生まれません。商談中、相手が激怒し、会議室から出ていってしまったり、オンライン商談で退出されてしまったりしたら、そこから何も伝えることはできません。

ラポールは積み上げていくことが重要ではありますが、どんなに時間をかけて築き上げても、壊れるときは一瞬です。この視点を持つことができれば、ヒアリングもプレゼンもクロージングも、テレアポも飛び込み営業も、対面もオンラインもメールもすべてがラポール活動であると理解できると思います。

月　日　振り返りメモ

□ やってみた

□ できなかった

ラポールの8つの基本ステップ＋1

ラポールは商談活動および営業活動のすべてに存在する、とお伝えしましたが、一方で、商談開始時点で「一定の信頼関係」が構築されていなければ、良い商談はできません。

いきなり「この人にお金を預ければ良いことがある」という信頼を得ることは難しいですが、本題に入る前に「この人と話すだけの価値がある」と感じてもらう、お金を払うか否かはまだ決めていないが、時間を預ける価値はあると感じてもらう必要があります。

だからこそ、ラポールは改めて重要であり、商談の初動で築き上げることが大切なのです。そのためのラポールステップが次ページの図です。

今日これやる
提案や発言するとき、「○○さんがさっきおっしゃっていただいたように～」「○○さんが以前話していた□□と同じで～」と伝えてみましょう。受け入れてもらいやすくなります。

ラポールの基本ステップ

ラポールの目的は仲良くなることではない。
「本音を話そうという気持ち作り」と「話を真剣に聞く気持ち作り」

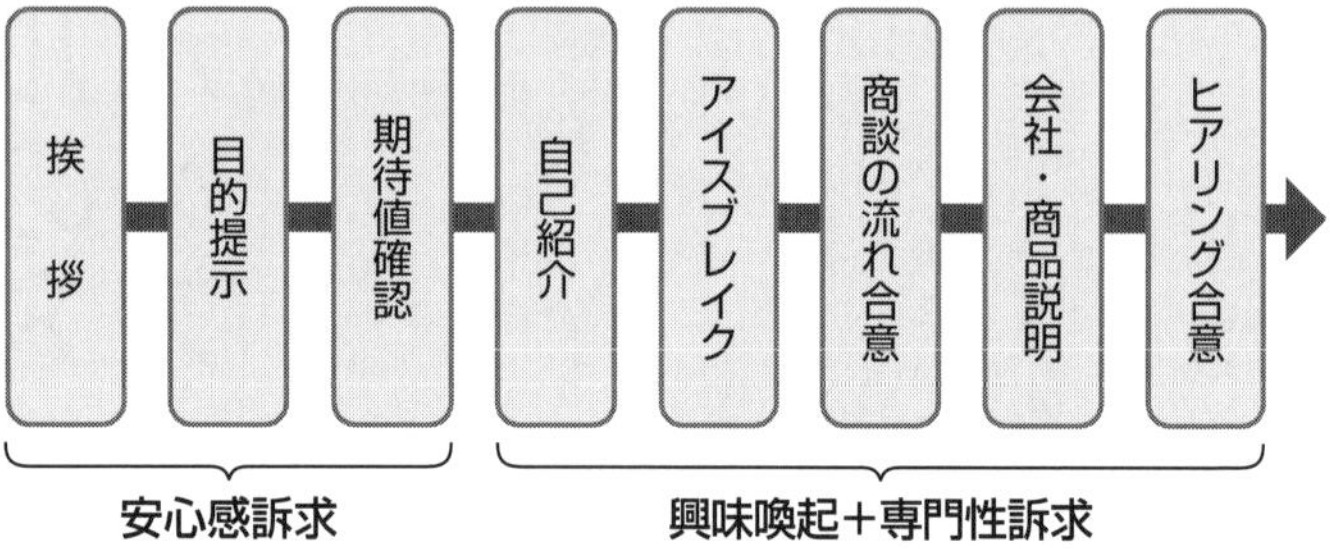

ここで意識すべきことは「安心感訴求：不安を払拭する」「興味喚起：自分に必要な話ができる」「専門性訴求：その分野に明るい人である」という3つを相手に実感してもらうことが重要になります。

ラポールで勘違いしてはいけないことは「雑談をしなければいけない」「アイスブレイクをしなければいけない」という、**「これをしなければ」という意識を捨てる**ことです。

商談開始時には「雑談をすべし」という話をよく聞きます。ただの雑談では、不安払拭、ニーズ合致、専門性訴求はできません。

月　　日　　**振り返りメモ**

□ やってみた

□ できなかった

「今日は良い天気ですね」
「先日、旅行に行ってきました」
「私、健康のために毎日ウォーキングをしているんです」

といきなり言われても、「あ、はい。そうなんですか」しか返せないですよね。雑談やアイスブレイクを通してラポールを形成する。このアプローチ自体は決して悪手ではありません。

ただ勘違いしてはいけないことは、自分がおもしろい話をしても相手の気分は上がらないということです。昔の私のように、Ｙａｈｏｏ！ニュースやテレビ、雑誌などネタ探しに奔走し、結局盛り上がらずに撃沈してしまうのでおすすめしません。

雑談やアイスブレイクで意識すべきは、**いかに自分が話すかではなく、いかに相手に気持ちよく話してもらうか**です。営業の信頼はどこで決まるのか。私が大事にしているのは、「まずは相手の話をちゃんと聞く」ということです。そのために、まずは

今日これやる
相手の話を最後まで聞けているか、今日は常に意識してください。聞いているつもりでも意外と語尾に被ったり、早とちりして答えていたりします。こちらは無意識でもお客様にはストレスです。

相手に気持ちよく話をしてもらうことが大切なのです。

気持ちよく話をしてもらうためには、

- 相手の言葉やメッセージを最後まで聞く
- 相手の言葉にしっかりとリアクションを取る
- 相手の言葉に共感と理解を示す
- 相手の言葉を深掘りし、より深く知る姿勢を示す
- 相手の言葉に対する感想・所感を伝える
- 話してくれたことへの感謝を示す
- 相手の言葉を忘れない

ここがスタートラインです。何を話すかの前に、どう聞くかがラポールにおいて重要なのです。

月　日　振り返りメモ

□ やってみた

□ できなかった

自己紹介は自己開示であれ

自分が何者かよりも自分はどんな気持ちかを伝えよう

Idea 考え	Thoughts 感想	Feeling 気持ち	Heat 熱量
自分はどんな考えやアイデアを持っているのか	相手の取り組みや活動に対しどんな意見や感想を持ったか	自分は今どんな気持ちか 相手に会う前にどんな心持ちだったか	相手の役に立ちたいという思い・気持ち

そしてもう1つ、私が大事にしていることは「自分が相手にやってほしいことはまず自分がやる」ということです。つまり、相手に気持ちよく話してもらいたいと思うのであれば、自己開示が必要です。

この営業は何を考え、そしてそう考えた理由や背景、想いを伝えることが大切です。そして、「自分は何ができるか」よりも「相手のために何をしたいか」「相手と何をしたいか」を伝えるようにしましょう。

今日これやる
自己紹介で、社名・名前にプラスして、「何の専門家なのか」を伝えてください。何を依頼できるか、つまり「どんなときに自分の顔を思い出してほしいか」を明確にしましょう。

ヒアリングのコツとポイント

ラポール時の雑談は「相手に気持ちよく話してもらうこと」とお伝えしました。ここでぜひ意識してほしいことは「**ラポール段階で聞けた内容が充実していればヒアリングが不要になる**」ということです。

ヒアリングのパートなのに、ヒアリングが不要という矛盾について、まず説明させてください。

そもそもですが、ヒアリングされることが大好きという人はいません。しかし、自分の話を真剣に聞いてくれる人はみんな大好きです。この違いを理解すべきなのです。

「ヒアリングをする」となると、突然スイッチが入って、詰問・尋問アプローチと

月　日　振り返りメモ

□ やってみた

□ できなかった

なってしまう営業がいます。尋問、詰問されてうれしい人はいません。「御社の課題は何ですか？」「なぜこのような状態になったのですか？」「なぜここまで放置したのですか？」と相手の課題や困りごと、その原因を明らかにしたい気持ちはわかりますが、ネガティブな話を根掘り葉掘り聞かれれば、それはもうヒアリングではなく取り調べです。

さらにこの便利な時代、自分で問題・課題が特定できていれば、自分で何とかできている可能性も高いはずです。

- わからないから相談をしている
- 困っているから商談をしている
- ヒントがほしいから打ち合わせに臨んでいる

ということを忘れないでください。目の前の商談相手が答えを持っていると思って、ヒアリングをする営業が多すぎるのです。

今日これやる

「質問よろしいですか？」といきなりヒアリングをスタートするのではなく、「御社のことをより深く理解したいので」「御社のお役に立てるご提案がしたいので」と前置きの言葉をちょっと入れてみましょう。

営業がヒアリングで持つべき姿勢は「一緒に相談しながら答えを見つけること」であり、お客様から聞き出すことではありません。

だからこそ、楽しく、気持ちよく、相手が本音を話してくれれば、それがヒアリングとなり、結果的に相手が望んでいること、困っていること、その原因となっている可能性が高いものが見えてくるのです。

ヒアリングの理想形は、雑談をしているうちに気づいたら理想・現実・問題が整理され、やるべきことが明確になっていたという状態です。そのためには問いただす姿勢ではなく、会話のなかで自然と相手が話している状態を作ることをぜひ意識してください。

月　日　振り返りメモ

□ やってみた

□ できなかった

相手が「答えたこと」だけで判断しない

なぜわざわざ雑談を通して、相手の意見や想いを聞くという遠回りとも感じられる営業の話をさせてもらったのか、ここで解説しておきます。

改めて、今はとても便利な時代です。ＳＮＳで検索をすれば、ググれば、ChatGPTに聞いてみれば、何かしらの返答が得られる時代です。また年々その精度は高まっており、今までのように「とりあえず営業に聞いてみよう」「とりあえずお店に行って話をしてみよう」と考える人は、大きく減りました。問いや悩みさえ明確になれば、必要な情報に自力でたどり着ける確率が年々高まっているからです。

今、**営業が向き合うべきは「まだ検索するだけの情報量やキーワードが持てていな**

今日これやる

ヒアリングで「お客様は競合他社でどこをベンチマークしているか」を聞いてください。売れる営業が意識して聞き出しているポイントの１つです。

い」悩みについてです。それはまだ想像できていないけど将来起こり得る問題かもしれません。本当は目の前まで魔の手がせまっているにもかかわらず、本人が気づけていない問題かもしれません。

ポイントは「**本人がまだ問題を問題と捉えていない**」「**本人がまだ必要性に気づけていない**」こと。つまり潜在的な問題やニーズであるということです。気づけていなければ、当然調べることはできません。だからこそ、**現代の営業は「気づき」を提供できる営業でなければならない**のです。

営業が向き合うべきポイントは「相手を納得させること」ではありません。これは売るためだけの目線です。**営業が本気で向き合うべきは「目の前の相手が本当にやるべき課題を乗り越える支援」**です。

私が病院の先生だとしましょう。「お腹が痛い」と肩をさすりながらきた患者さんの言葉だけを信じて、「では、胃腸薬出しておきますね」という診断をしても、確実に治りませんよね。

月　日　振り返りメモ

□ やってみた

□ できなかった

多くの営業は「相手が言ったことをすべての根拠」に提案をし、クロージングをかけてしまいがちです。なぜそうなってしまうのか、理由はシンプルで、売れるからです。相手がそう言っているんだから、とりあえず買ってもらうため言う通りにする／した、ということです。しかし、これでは相手の悩みが解消されることはありません。

営業は「相手の課題を解決し、理想の未来に近づけること」が役割であり、その手段として各営業は自身が扱っている商材を武器に、支援・サポートができるという提案を行ないます。だからこそ、営業がやるべきなのは「相手の言っていることを鵜呑みにする」のではなく、相手の会話をもとにしながら、問題の根本的な原因ややるべきことの優先順位を一緒に相談していくことなのです。

まだ答えが明確でないもの、答えどころか問いすらも立ち上がっていない問題を見つけ出すこと、そして相手と相談の上、合意を得られる営業が選ばれる営業であり、本当の意味でヒアリングができたという状態を作り出した営業なのです。

今日これやる

「もっと教えてください！」と言ってみましょう。本当に売れる営業はお客様からたくさん教えてもらっています。相手のことや考えていること、感じていることを理解することで距離が縮まり提案の質も上がります。

売れる営業はヒアリングよりも良質なディスカッションをこのタイミングで行なっていると捉えた方が、確実に成長し、前進します。

現代の営業は「ラポール」、その後には「ヒアリング」「ディスカッション」「アドバイス」「期待値調整」「提案」「相談」「クロージング」の8ステップが重要だと実感します。単にヒアリングをして終わりではなく、そこから「ディスカッション」「アドバイス」「期待値調整」を行なった上で、初めて提案が機能するということです。

月　　日　　振り返りメモ

□ やってみた

□ できなかった

仮説を立てられるまで準備する

「チャンスを作れた」「提案機会を確保できた」。なのに、商談で失敗してしまう営業が多いのも事実です。ここでうまくいかなくて、「もっとプレゼンスキルを磨こう」「提案書の作り方を変えよう」「もっと企画力を磨かなければ」と自分のスキルや知識向上に向かってしまう人が一定数います。

しかし、本当に勝負強い営業は、提案スキル以上に大事なことを知っています。それは「事前準備」です。営業における事前準備は「提案をより優位に進めるための活動」と私は定義しています。

事前準備には2つのアクションが不可欠です。

今日これやる

商談を予定している相手の社内報と商品パンフをしっかり読みこんでください。お客様が求めているのは、自分を理解し、その上で必要な商品と使い方と結果を示してくれること。それには顧客と商品の理解が不可欠です。

▼**情報収集**

相手の状況や考え、想っていることを、リリース・発信されている内容や、これまでのコミュニケーション（個人だけでなく、組織として）などのやり取りから洗い出し、整理すること

▼**仮説構築**

集めた情報をもとに、「相手が持っている理想」「実際に起きている状況」「相手の優先順位や課題認知していること」の仮説を立てること

事前準備のゴールは「仮説を持つこと」にあります。仮説が合っているに越したことはありませんが、たとえ間違っていたとしても仮説を持つこと自体がまずは重要です。なぜならば、仮説があることで相手とのディスカッションや質問がより深いものになるからです。仮説なき営業は一緒に考える姿勢を持つことができず、相手にただ聞くだけの営業スタイルになりがちです。

月　日　**振り返りメモ**

□ やってみた

□ できなかった

こちらが主導権を持って商談を進めることができれば、聞きたい情報や相談したいことについてしっかりと会話ができます。逆に相手に主導権を取られてしまい、相手の愚痴を聞くだけ聞いて、結局提案につながる情報収集や相談ができないまま終わってしまったという経験をされた方も少なくないと思います。私もその1人です。

「情報収集」と「仮説構築」はセットであり、情報を集めて仮説を立てるということを、この順番で丁寧に進めてほしいのです。多くの営業は、仮説構築力はスキル・技術・経験であると思い込みがちです。しかし、仮説を立てるのが苦手な営業のほとんどは、情報不足・勉強不足です。

ちょっと考えてみてほしいのですが、目の前にこんな方がいたとき、どんなことに困っていそうですか？

- 「水をください」「水がほしい」と会う人会う人に声をかけている

今日これやる

今日はお客様についての情報収集に時間をかけましょう。直近でヒアリングを予定しているお客様の会社HPやプレスリリースをしっかりチェックしてください。

・今にも倒れそうで、体調が辛そう

どうでしょうか？
私だったら、この人は数日間水を飲めていなくて、喉が渇いて仕方がない人なのかもしれないと考えます。場所は砂漠かもと思われた方もいるかもしれません。

しかし、情報を追加するとどうでしょう。

・場所はキャンプ場
・子供がお腹すいたと泣き叫んでいる
・目の前にはお鍋があり、にんじん・じゃがいも・玉ねぎ・お肉・カレールウが入っていて、火もごうごうと燃えている

この人はカレーを作りたくて準備万端なのに、お水を忘れてカレーが作れない人だと思えませんか？

月　日　　振り返りメモ
□ やってみた
□ できなかった

仮説は情報量が増えれば精度が上がります。そして、一部でも情報があれば人は想像できるということがポイントです。

正しさよりも、まずは仮説を持って商談に臨むことが重要です。なぜなら、**仮説をベースにしながらヒアリングをすることで、より深い会話につながる**ことが多いからです。仮説がなければ、全部相手に教えてもらうしか方法がなくなります。

ヒアリング＝質問、ヒアリング＝お客様に教えてもらう時間と思っている営業は、成果が出ません。お客様は自分のことを話したいのではありません。相談に乗ってほしいのです。そのために仮説を準備して、商談を有利に進めることが大切なのです。だからこそ、仮説を準備し、理想は商談の流れまで想定・準備した上で臨むことが求められるのです。

営業が商談前に持つべき仮説は「問題仮説」「理想仮説」「解決策仮説」の３つに分類することができます。

今日これやる
会社HPに加えて、社長や会社公式SNSの発信、採用ページも見ておきましょう。相手が「やりたいこと」「大事にしていること」「望んでいること」「目指していること」「困っていること」を考える仮説を立てるヒントがつまっています。

商談の品質を上げる仮説の種類

事前準備は商談を円滑に進めるための準備である

問題仮説

これができないを予測する

相手側の現状を社内外の情報から想像し困りごとを予測する

理想仮説

こうなりたいを予測する

業界のトレンドや動き、採用情報や社外向け発信から相手の理想を想像する

解決策仮説

これをやりたいを予測する

相手の興味や希望や基準・価値観を想定し取り組みを予想する

営業の提案をシンプルに言えば、「御社（〇〇様）は今～～を目指されているなかで、現状××な状況で、△△が課題となっているため、☆☆という手段を使って課題を解決し、～～を実現しましょう」に尽きます。

常に営業のあるべき姿は、相手の理想に近づける・実現する支援をするために、相手の課題を解決することです。相手に求めている「買う」という行為は、相手の立場からすれば夢や希望を手に入れるための行為であり、あくまで「買う」はスタートラインに立つだけです。売れない営業ほど、いかに売るかしか考えておらず、課題を解決するという視点もな

月　日　**振り返りメモ**

□ やってみた

□ できなかった

く、商品説明・サービスプレゼンで終わってしまうのです。

そうならないようにするためにも「仮説準備」が不可欠になります。仮説を持って提案をするというのは、どこまで準備をすればいいのか。ここはスピード重視です。仮説の精度を上げたくて、時間ばかりをかけている営業はなかなか成果が生まれないですし、伸びません。理由は「仮説は仮説に過ぎない」からです。

仮説の存在意義は、仮説を土台にしながら、相手と深い会話をすることです。**当たる仮説よりも、議論ができる仮説を持つことが重要**です。

今の営業に求められているものは、一緒に考える姿勢です。このディスカッションや相談を進めていくために仮説が重要になります。

しかし、仮説は字の通り、仮の説（考え・意見）でしかありません。仮説が正しいかどうか、その根拠を確認するためのコミュニケーションが必要であり、相手がどう考えているのか、実際には何が起きているのかを確認していく必要があります。

今日これやる

今週ヒアリングの予定が入っているお客様が何に困っているのか、思いつくものを洗い出しましょう。似た企業が抱えている課題で当てはまるものはないか、業種や規模から予測できるものはないか、考えてみましょう。

情報収集のポイントを押さえる

事前準備を「お客様のリサーチ活動」と狭義に定義をしてしまうと、結局リサーチしたことの半分も活用できずに終わってしまうということはよくある話です。大事なのは、自分が持っているものを100％発揮することです。

ほとんどの営業は、自分の能力やリサーチした内容、準備したことを発揮しきれずに、「うまくいかなかった」の一言で終わってしまいがちです。「能ある鷹は爪を隠す」と言いますが、相性の良いお客様に出会えずに、「能ある鷹なのに爪を出せず」というケースが本当に多いのです。

事前の情報収集で押さえるべきポイントは4つです。

月　日　振り返りメモ

□ やってみた

□ できなかった

- 提案相手のリサーチ
- 提案相手が所属する環境やマーケットの調査
- 提案前印象のコントロール
- 社内調整や意思決定を円滑に進めるための根回し

具体的に、1つずつ見ていきましょう。

提案相手のリサーチ

法人営業をされている方であれば、訪問前に「会社のホームページは見ています」という方が多いです。実際に営業研修をしていると、この質問をすると9割、手が挙がります。しかし、採用ページを見ている方とお聞きすると、3分の1以下になります。「プレスリリースやSNSの発信を見ています」という方になると、さらに減ります。

今日これやる

お客様が抱えている問題・悩みの仮説を3つ立てて、その優先順位を予測してみましょう。SNSや代表者のメディアでの発言から、価値観や基準を伺い知ることができます。

顧客のリサーチをせずに商談に臨む行為は、自ら提案機会を放棄しているという自覚を持つべきです。なぜなら、超高等スキルを持っている人以外、その場で相手に合わせて、相手が求めている提案をすることはできないからです。事前準備＝リサーチ×仮説構築、これは必須です。

提案相手が所属する環境やマーケットの調査

3C分析という言葉を聞いたことがある方は多いと思います。「市場・顧客（customer）」「競合（competitor）」「自社（company）」の3つのCについてリサーチ、分析をするというアプローチです。相手を知るためには、まず自分もしっかりと理解しておく必要があります。

ただ法人営業の場合、相手のことだけを分析するのでは不十分です。なぜなら、相手もビジネスであり、そこには必ず顧客もいて、競合も存在します。3Cにプラスし

月　日　振り返りメモ

☐ やってみた

☐ できなかった

て、顧客に2Cを付け加えて捉えることが重要です。

Company（自社）
Competitor（競合）
Customer（市場・顧客）
Customer's Customer（顧客の顧客）
Customer's Competitor（顧客の競合）

事業も会社も多くのステークホルダーの影響を必ず受けます。だからこそ、相手を知るためには相手の環境要因を知る必要があります。そこでぜひ取り組んでほしいフレームワークは「PEST分析」です。

P：Politics/Political（政治面）
E：Economy/Economical（経済面）
S：Society/Social/Cultural（社会／文化／ライフスタイル面）

今日これやる
お客様の課題の仮説を立てたら、自社の商品・サービスで実現できることは何かを整理しましょう。それをどんな言葉や順番で伝えるべきかも一緒にイメージしてみてください。

T：Technology/Technological（技術面）

条例や法律の改正があれば、当然ビジネスのあり方・進め方は変わります。また景気の良し悪しに大きく影響される業界もあります。最近ではＳＮＳなどの影響で、メディアだけでなくトレンドは個人から生まれることも多くあります。YouTuberが取り上げた瞬間に売上が伸びた、売り切れになったなどはまさにその典型例です。技術については、最近で言えばChatGPTなどの生成系ＡＩの発達は大きな変化でした。プレスリリースサイトPRTimesで「ChatGPT」と検索すると６０００件を超えるリリースが出ています。

会社は当然ながら、社会のため、顧客のために存在をしており、どこの誰に貢献するかを定めて、日々活動をしています。だからこそ、**相手がいまどういったマーケットに身を置き、誰を相手にビジネスをしているかを知ることがスタート**となります。この理解なくして、良質な仮説を立てることはできません。

月　日　振り返りメモ

□ やってみた

□ できなかった

提案前印象のコントロール

打席に立つことが勝負強さの源泉というお話をしてきましたが、もう一方で自分自身により良い印象を持ってもらうことも大切です。

営業で常に意識しろと上司から教わったことの1つが「後出しジャンケンをしろ」です。相手のニーズや期待、要望、条件などを理解せずに、商品や企画内容を提案するのは博打でしかないという教えです。

いかに確率を高められるか、失敗・ミスを減らせるかという観点は非常に重要です。自ら失敗する可能性が高いことをする必要はありません。だからこそ、**商談前のコミュニケーションで、営業をしやすい関係を作っておくことが大切**なのです。

人間はバイアスがかかり、思い込みを持った生き物です。精密機械ではなく、その場その時で意思決定、判断、考えが変わるのが、人間です。だからこそ、相手の考えや思っていることを、より営業にとって有利な形で進められるように、関係を進めて

今日これやる

考えた仮説を「①お客様は○○で悩んでいる②だから、□□を提案すると③お客様が望んでいる〜〜という状態になる」と言葉にできるようにまとめましょう。

いくことが大切です。

では提案前にどういった関係性を持つべきなのか、ここでは「ヒト（営業である自分自身）」と「提案内容」に対する印象コントロールが重要です。

▼ヒト

- 親しみやすさ
- 会話のしやすさ
- 専門家としてのポジション

▼提案内容

- 問題解決
- 競合他社との差別化
- 得られる成果（ベネフィット）への期待感

月　日	振り返りメモ
□やってみた	
□できなかった	

社内調整や意思決定を円滑に進めるための根回し

勝負強くいるために必要なのは、メンタルを強くしたり、強靭なハートを手に入れたりすることではありません。どんな場面、状況にも臨機応変に対応できるスキルを身につけることでもありません。もちろんこれらの能力を持つことができればベストですが、我々はコメディアンでも名ＭＣでもありません。

私はそもそも人見知りで、先輩や上司と帰りの電車にも一緒に乗りたくない人間です（帰りの電車なんて、明確に話すことが決まっていないので、その場その時のアドリブ力が必須ですよね）。突発的なコミュニケーションが苦手なのに、すべての場面に対応しようとするから、会話のハードルが上がり、うまくいかなくて自己嫌悪に陥るのです。

自分が対応できる場面、状況を作り出す意識、これが営業における事前準備であり、商談をスムーズに進めるためにも不可欠なものです。営業の難易度を下げるには「想

今日これやる

仮説を持ってお客様に会いましょう。普段なら「何かお困りごとはないですか？」と聞いている場面で、代わりに「こう考えているのですがいかがですか？」と聞いてみましょう。そこから相手と会話をし、検証しましょう。

定した場面を作り出し、その場面では絶対に失敗しない準備をすること」です。そのために「営業すべき人を定める」「想定した場面・状況を作り出すコミュニケーションを重ね、場面をコントロールする」ことが重要なのです。

月　日　振り返りメモ

□ やってみた

□ できなかった

３つの質問を使い分ける

ヒアリングやラポール時の雑談では、相手に気持ちよく話をしてもらうことが重要とお伝えしました。気持ちよく相手に話してもらうことで「相手の頭の中や持っている気持ち」を知ることができるからです。しかし、相手の問題解決のために「掲げている理想」「現状起こっている事実」を明確にする必要があり、そこを明確にするためのアプローチとして事前準備が不可欠なのです。

理想と現実を明確にせよ、と言った瞬間に、会話を放棄し、質問魔になることはやめましょう。あくまで相手との会話の中で「深掘る」「広げる」「確認する」をくり返し、認識を合わせるコミュニケーションが大切です。一番やってはいけないことは、こちら側から情報を押し付けて、Ｙｅｓと言わせることです。仮に売れたとしても良

今日これやる

深掘りして質問したいとき、「いろいろ調べてみたのですがこの点について詳しく教えていただきたくて」と言ってから聞いてみてください。「そこまで丁寧に調べてくれたのであれば教えてあげようかな」という気持ちが作れる前置きフレーズです。

い関係を受注後に築くことはできなくなります。

ヒアリング時に意識すべきことは相手が持っている主観的な事実です。正しさよりも相手が今何をどう思っているかを明確にし、共感と理解を示すことが重要です。問題解決のために必要なことは客観的な事実の収集です。３つの質問と合わせて、４つの「提」を意識することで、相手とより深い会話を進める意識が重要になります。

月　日　　振り返りメモ

□ やってみた

□ できなかった

深掘・拡散・収束で根拠のある情報を取得する

深掘る
- 背景や理由を確認する
- 相手が考える要因を聞いてみる

広げる
- 違う視点で考えてみる
- 他の要因がないかを聞いてみる

整理する
- 聞いた内容をまとめる
- 課題や悩みの優先順位を整理する

相手が答えやすくなる４つの"提"

提示　ニュースやトレンド情報を示し
相手の考えや意見を聞く

提案　自分の意見やアイデアを示し
相手からフィードバックをもらう

提言　自分の考えや思ったことを伝え
相手の思いや考えを聞く

提供　事例やノウハウを相手に伝え
相手の感想を聞く

今日これやる

「他のお客様からこんなことを聞いたのですが」「私が担当しているお客様が〇〇にお困りだったのですが」と、別のお客様のことを伝えてみましょう。「そういえばうちも……」というようにこれまでと違う視点で話してもらいやすくなります。

プレゼンのコツとポイント

ラポール、ヒアリング、プレゼン、クロージングという営業の4プロセスは、トップセールスとして活躍し、コンサルタント・講演家としても活躍されたブライアン・トレーシーも語った営業の基本ステップです。その中で昨今の営業はラポールとヒアリングの重要度が全体の7割を占め、残り2割がプレゼン、1割がクロージングとされています。

しかし、プレゼンテーションを甘く見ていいというわけではありません。**プレゼンテーションを正しく理解し、活用することが、相手の行動を引き出すことにつながる**からです。そもそも営業は「相手の新しい行動を引き出す」ことが仕事であり、役割です。これまで通り、今まで通りでいいのであれば、特に新規開拓営業では営業の存

月　　日　　振り返りメモ

□ やってみた

□ できなかった

在は必要ありません。

新しい方法を取り入れる、今までと違う成果を求めるのであればこれまでと違うプロセスを作り出すことが必要なのです。しかし、人間は変化を嫌う性質を持った生き物です。さらに、サンクコストと呼ばれる「もったいない心理」を持っています。「ここまでやってきたんだから」「せっかく始めたんだから」と成果が出ていなくても続けてしまうことがあるのが人間心理なのです。

だからこそ、**営業は相手が動きたくなる、最後の決断がしやすい状況を作る支援、サポートが不可欠**なのです。

ここでプレゼンテーションを正しく理解いただくために、プレゼンの勘違いあるあるをご紹介しておきます。

- プレゼンは商品説明タイムである
- プレゼンは自分（営業）が話す時間である

今日これやる

プレゼンをする相手の特徴を10個挙げましょう。どんな人なのか、何を求めているのか、どんな言葉が響くのかが想像できるようになると思います。それがわかれば、プレゼンで伝えるべきこと、削っても問題ないことの整理ができます。

・プレゼンは売り込むための時間である
・プレゼンは相手にぐうの音も言わさない時間である
・プレゼンは説得する時間である

これらはすべて間違いです。もちろん、商品を説明することも、営業であるこちらが多く話すことが増えることも、時には相手を説得することも起こり得ます。しかし、それだけになってしまってはいけないということです。

すぐに決まらなくても相手の記憶に残り続ける

プレゼンが必要な理由として、相手が正しく検討できる環境・状況を整えることがあります。「買わない」判断をされずに終わっている、正しくは終わっていない商談が世の中には多数存在します。買わないには「他でやる」「やらない」「決めていない」「考えていない」という種類があるのです。多くの営業は、いかに他社に勝つかばかりを考えてしまいがちですが、自分の提案が選ばれていない理由は他社以外にも選択

月　日　振り返りメモ

☐ やってみた

☐ できなかった

買わない理由の7種類

買わない理由にも種類がある

なぜ現時点で買っていないのかを正しく理解する

- **他社決定**：他社もしくは他の提案を選択された
- **内製化**：外部に依頼することなく自分達で実施する
- **中　止**：本取り組み・プロジェクトの進行・開始自体が中止
- **購入待ち**：自社への依頼は決定し最終の手続き待ち
- **保留中**：検討が進んでいない
- **検討中**：検討は進んでいるが結論が出ていない
- **思考停止中**：そもそも議論・検討自体停止している

肢があるということです。

その上で検討するということは「記憶に残り続ける」必要があります。

私は何度も経験したことがありますが、営業をしていると、「ご提案させていただいた件、ご検討状況いかがですか？」と電話を入れると、「あ、えっと」という言葉を聞くことがあります。この言葉の裏側には「やばい。まだ全然検討できていない」「まだ資料も全部見てない」「上司に資料送るの忘れてた」という状況を察することが多々あります。

これは営業である私自身の提案が相手

今日これやる　ターゲットとプレゼン内容の合致度を検証しましょう。不要なものを見極めて、「何を話さないか」を決めてください。

の記憶に残らず、検討すること自体の優先順位を高めることができずに終わってしまったがために起きた悲劇です。これは営業にとっても不幸ですが、せっかく時間をとって話を聞いたにもかかわらず、何も決めずに終わってしまったという状態は相手にとっても建設的ではありません。「今はやらない」という決断ができたのであれば、今の取り組みに集中できる、今の取り組みをやるべきという判断ができた状態はポジティブなことです。

月　日　**振り返りメモ**

□ やってみた

□ できなかった

プレゼンはとにかくシンプルにする

次ページの図は、私がプレゼンテーション研修をする際にお伝えしている、基本プロセスです。

大事なことはプレゼンよりも「合意形成」にあると私は考えています。極端な話、やりたいことが明確になったら「それ、私ならできるのでやらせてください」でプレゼンテーションは終わりです。

「できる」「やれる」の根拠が商材であり、プロダクトであり、会社であり、事例・実績であり、料金（=相手にとってかかるコスト）なのです。

今日これやる

これまでのプレゼンでよく聞かれた質問を書き出してください。その解答をあらかじめプレゼン内で伝えられないか検討してみましょう。

プレゼンの基本ステップ

**どんな機能があるかではなく
何を相手が得られるかを語る**

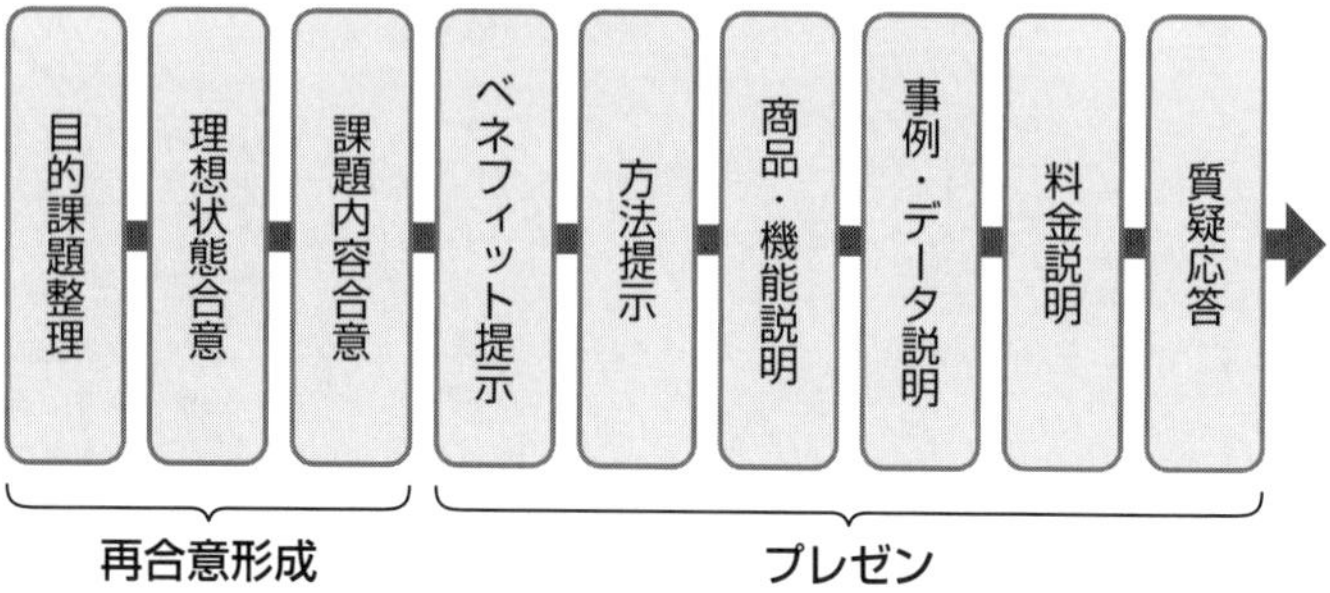

プレゼンテーションにおいて最も大事なことは「記憶に残ること」とお伝えしました。人は忘れているもの、記憶に残っていないものを考えることはできません。「知っている」では足りないのです。検討をするときに思い出せる、内容を理解できている、という状況を作ることが大切です。

営業はお客様の横にずっといることはできません。1週間のうち1回でも直接会って話せたら多い方ではないかと思います。営業がどんなに相手に寄り添っても、営業がどんなに「中の人」のつもりで相手と接しても、現実的には限られた回数の接点で相談、やり取りを続けなければならない

月　日　**振り返りメモ**

□ やってみた

□ できなかった

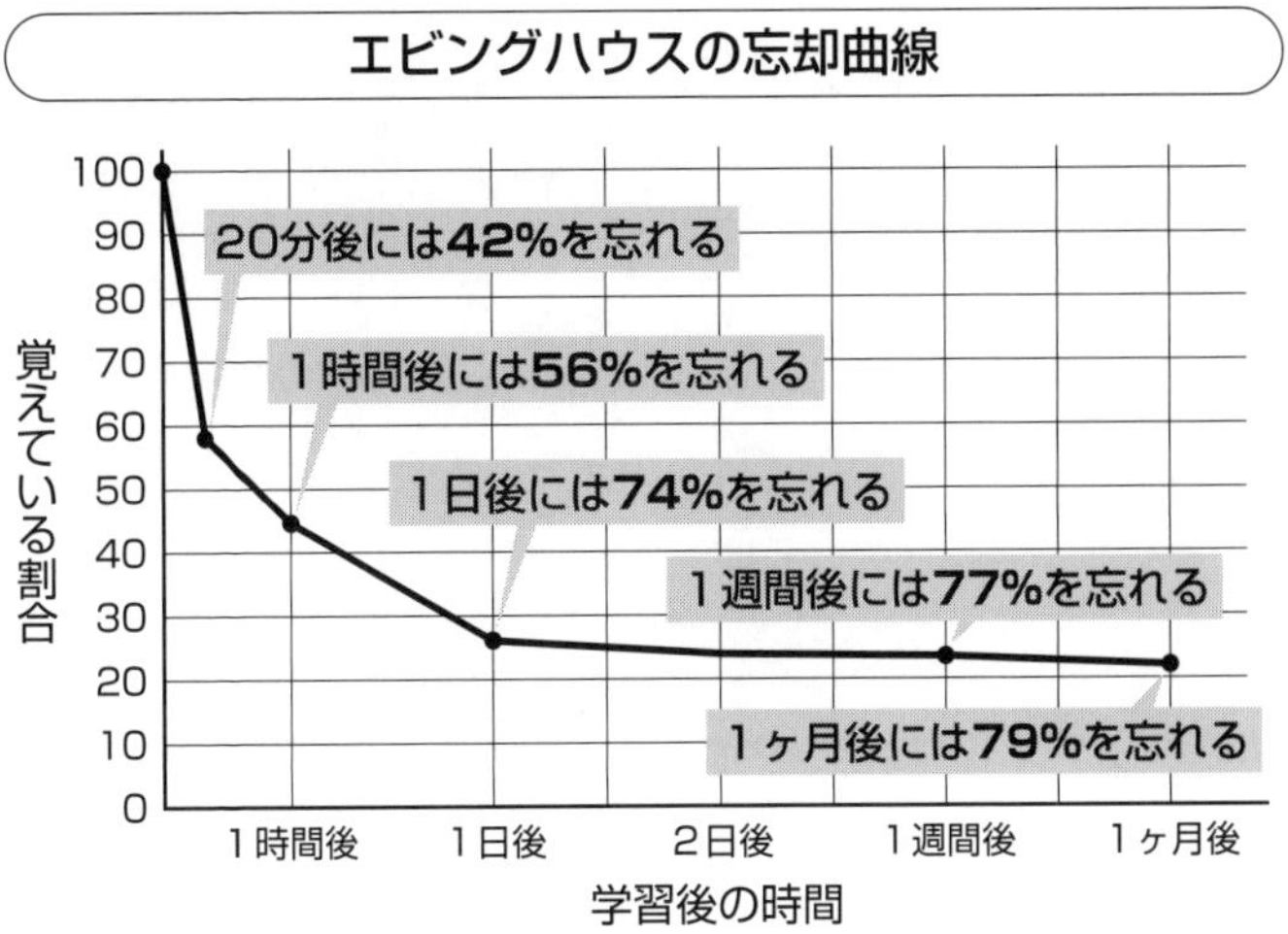

「外の人」です。

ましてや人間は忘れる生き物です。忘却曲線という言葉を聞いたことはありますか？

商談翌日には4分の3を忘れてしまい、そこから何もしなければ1週間、1ヶ月経っても思い出されることはありません。にもかかわらず、定期訪問は1～2ヶ月に1回と自分なりのルールで決めて、アポイントをいただくための連絡・商談・お礼でやり取りするのは2ヶ月で数回という営業も多いのです。しかも一時期に集中しており、提案内容について

今日これやる 最近のプレゼンで失注したときの相手の反応を整理してください。そして、どんな対策ができるかをいくつか考えてみましょう。

触れる機会は提案のみになってしまっており、思い出してもらう機会がなく、商談のたびに同じ内容にもかかわらず、相手からすれば新規提案をくり返されているかのようになってしまっているのです。

また現代は、人が1日に触れる情報量は江戸時代の1年分、平安時代の一生分と言われるほど情報過多の時代です。日々、情報の洪水におぼれている現代人に営業をしている今、情報は覚えられるほどシンプルに、端的にすることが不可欠なのです。

この商談を終えて、何を覚えていてほしいのか、1週間後・1ヶ月後に記憶に残してほしいメッセージを明確にしておくことが大切です。提案書の表紙タイトルも「コスト削減のご提案」「マーケティング施策について」などでは、記憶に残るインパクトはありません。

例えば、私がS1グランプリという日本一の営業を決める大会に出場したときのこと。決勝戦は、UMUというeラーニングツールを商材とし、審査員の野部剛さんが

月　日　振り返りメモ

☐ やってみた

☐ できなかった

相手企業の社長役の営業ロープレでした。私はこの商品提案を「貴社トップセールスである野部社長量産プロジェクト」と銘打って、提案を行ないました。このロープレをダメダメにするのであれば「御社に使っていただきたいeラーニングツールがあり、貴社の生産性向上のお手伝いをさせていただきたいです」と、誰にでも伝えられる言葉に変わってしまいます。**誰にでも使える言葉＝誰にも伝わらない言葉**である、という自覚をすべての営業がもっと強く持つべきです。

情報が多ければ多いほど、訴求したいメッセージはぼやけてしまい、結局のところ何が言いたいのか、言いたかったのかがわからなくなってしまいます。

プレゼンは情報を増やすことよりも情報を削ることに一番、時間と気持ちを使うべきであり、そうやって訴求したいメッセージを作り込むことが大切です。

今日これやる

プレゼンで使うスライドが「1スライド1メッセージ」になっているか見直しましょう。スライド1枚1枚も、シンプルに情報を盛り込みすぎないように意識してください。

クロージングのコツとポイント

クロージングは「白黒はっきりさせること」です。私は「しめる」と表現しています。3つの「しめる」が達成できれば、営業にとって理想的な結果、受注につながってくるからです。

締める：決断を促す
閉める：商談を終了させる
占める：他社が入り込めない状況を作る

プレゼンのところでもお伝えしましたが、「決められない商談」は相手にとっても不必要に時間を使わせてしまい、さらに自身の行動を決める・促進させる効果もなく、

月　日　振り返りメモ
□ やってみた
□ できなかった

不可欠です。

お互いもったいない状況です。だからこそ、しっかりと「しめる」意識を持つことが不可欠です。

ただ、勘違いしないでください。クロージングは最終的に自分でするものです。まず営業は「目の前の相手に自分の提案が必要である」とセルフクロージング、自分をクロージングすることが不可欠です。

そして、お客様自身も最後は納得して「買う」「使う」ということを決断いただくことが必要です。納得がなければ、買って終わりになってしまうことが起こります。当然買っても正しく使わなければ、求めている成果は手に入りません。

結果的にクレームが発生し、その後の関係は続くことなく終了となります。強引な営業、強引なクロージングは買わせるまでがゴールとなっており、相手にとっても営業にとっても幸せな未来につながることはありません。

今日これやる

撮影しながらプレゼンのロープレを行ない、見返して良い点・改善点を10個ずつ挙げましょう。どちらかだけじゃなく、良い点・改善点両方です。そして、改善点は単なるダメ出しになっていてはダメ。「もっとこうすると良い」「ここを○○に変える」など具体的に。

「もしも」のくり返しで未来のイメージを提供し続ける

漠然と提案をして、漠然とクロージングをしても受注にはなりません。クロージングをしても「もう少し検討したい」「今は間に合っている」と断られてしまうことが多い方は、ぜひテストクロージングを試してみてください。

テストクロージングとは、

- 買う意思があるのか
- 何がハードルになっているのか

をクロージングの前段階で確認する、クロージングを仕掛けても良いのかどうか判断するためのものです。

そして、テストクロージングの前には信頼構築が不可欠です。信頼関係ができていない状態でどんなに質問をしても相手の本音は出てきません。

月　日　振り返りメモ

□ やってみた

□ できなかった

If話法を使いこなす

- **Who**（だれが）： もし使うとしたら誰が使いますか？
- **When**（いつ）： もし使うとしたらいつから使いますか？
- **Where**（どこで）： もし使うとしたらどんな場面で使えそうですか？
- **What**（なにを）： もし使うとしたらどんな成果がほしいですか？
- **Why**（なぜ）： もし使うとしたら一番解決したい問題（＝使う理由）はなんですか？
- **How**（どのように）：もし使うとしたらどうやって使いますか？

また、「ご不明点はありませんか？」「いかがでしょうか？」といった質問をすることはやめてください。相手から「考えておきます」「今のところ大丈夫です」という回答が返ってくることがほとんどです。

おすすめは、If話法という、「もしも」を投げかけてお客様自身に考えてもらう方法です。「だれが」「いつ」「どこで」「なにを」「なぜ」「どのように」を尋ねて一緒に考えることで、契約後・購入後のイメージが具体的になり、それを阻むハードルも見えやすくなります。

今日これやる
上記のIf話法の中からなにか1つお客様に投げかけてみましょう。聞いて終わりではなく、そこから一緒に考えてくださいね。

クロージングはまず理想の未来への合意獲得

最後に、クロージングで使うべきキラーメッセージをお伝えします。

▼○○できたらいいですよね？

買うか買わないかの前に、商品・サービスを購入してもらえた結果＝ベネフィットに価値を感じてもらえているか、ここをしっかり確認する言葉です。

有名な話で「ドリルを売るな。穴を売れ」という話があります。これはドリルを売るときに、ドリルを使った結果得られる〝穴〟を売れということです。

この発想と同じように、相手が得られるものにまずはフォーカスを当てることがスタートです。

▼私に任せてください

人が一歩踏み出せないときは不安がつきまとっているからです。その不安を私が

月　日　振り返りメモ

□ やってみた

□ できなかった

代わりに引き受けるとしっかりと宣言する言葉です。この言葉が信頼につながり、相手の行動を生むことにつながります。

▼もったいないです

人間は損をすることを嫌う生き物です。何かを得ることよりも、自分が損をしている状況に陥ることを嫌います。そこで効果的なワードが「もったいない」です。

「○○をしないともったいない」というだけでなく、

「他社はこうやって成果を出しているのに、御社がやらないのはもったいないです」

「現場、コストが垂れ流し状態ですから、これだけの損失が出ることになるのでもったいないですよ」

など、具体的に何がもったいないのかを伝え、今のままだと損をすることを伝えるのがポイントです。

今日これやる

「いかがですか？」を禁止してください。この聞き方ではお客様も本音を伝えづらく、あいまいな返事になりがちです。むしろストレートに「買ってください」と言われた方が、相手も決めやすいものです。

▼弊社じゃなくてもいいのでやってください

他社のサービスでもいいので使ってくださいという意味です。今の状況には確実に問題があるからとにかく動いてくださいということを伝え、自分の言葉を信頼してもらうための方法です。

営業に対して「自分の利益のために嘘をつく生き物」「営業は口が上手い人」という偏見を持っている人はたくさんいます。そんな人たちにゴリゴリにプッシュするクロージングをしても信頼は得られません。逆に、一歩引いたクロージングが効果を発揮するのです。

「私に任せてください」というトークで伝えた通り、人が動けないときには何からの不安を抱えているものです。そこでの不安が営業にある場合はこういったお客様の目線にたったアドバイスが効果的です。

月　　日　　振り返りメモ

□やってみた

□できなかった

▼仮にやるとすればどのプランですか？

やらない選択肢の前にやる前提の現状の意見を回収します。

Ｉｆ話法を活用することで、相手の意見や現時点での考え方、基準を把握することができます。提案は博打ではありません。相手と一緒に決めていく姿勢が不可欠です。

▼○○はした方がいいです

これも「弊社じゃなくてもいいのでやってください」と目的は同じです。ツールではなく、方法論・考え方の大枠を伝え、何かをした方がいいというアドバイスをする方法です。

クロージングは買うことの強要ではなく、意思決定ができる状況を相手に提供することです。「今、やるべき理由」をしっかり伝えましょう。

今日これやる

240〜243ページで紹介しているクロージングのキラーメッセージを試してみてください。買うことの強要ではなく、意思決定ができる状況を相手に提供することを意識しましょう。

第8章

体調＆モチベーションマネジメント

「困ったときにそこにいる」営業になる

休みがちな営業はチャンスを逃している

私の先輩にめちゃくちゃ優秀で、なんでもできる人がいました。しかし、私が一緒に働いている間、その先輩がトップになることは結局一度もありませんでした。「休みがち」というのがその原因でした。チャンスを逃す営業は「不在率・欠席率」が高いのです。

連絡をしてもつながらない。
電話をかけても出てくれない。
メールを送っても返事がない。

こんな営業に頼りたいと思えない、思わないのは当たり前です。

月　日　**振り返りメモ**

□ やってみた

□ できなかった

「困ったときにそこにいる」「いつでも声をかけられる」という状況を作ることができるのは営業としての強みです。お客様の安心感につながり、「何かあったらまずこの人に声をかけてみよう」と思ってもらいやすいからです。

決して無理をして働けと言いたいわけではありません。コロナ禍を経て、今までよりも「休み」に寛容になり、理解されやすい世の中になりました。働き方改革の文脈でも「しっかりと休む」「働きすぎない」という働き手の権利を守る制度は年々強化されています。

しかし「無事之名馬」とは営業においてもまさにその通りで、いつでも相談できるという状況を作ることは、お客様にとっても、社内にとっても信頼につながる要素であることはまぎれもない事実です。

「いてほしいときにいる」というのは営業にとってビジネスチャンスを逃さないために大事なことです。悩みや困りごとを長く持ち続けたい人はいません。早くスッキリしたいというのが本音です。

今日これやる

自分の体調の変化に敏感になってください。ちょっとしたシグナルにすぐ対処できるように、どんなときに体調を崩しやすいのか、振り返っておきましょう。

私は新卒の頃、飛び込み営業をしていました。ある日、いつも門前払いされるお客様先に訪問すると、「いやー、ちょうど良いところに来てくれた。今、すごい困ってて。入って入って」といつもの門前払いとは打って変わって喜んで迎え入れられたことがあります。あの日の私はそのお客様にとって「困ったときにそこにいた」営業だったということです。

人はタイミングや状況次第で、相手との関わり方が大きく変わります。それが営業相手であればなおさらです。PUSH型営業であればさらにその傾向は強くなります。なぜなら「営業が営業の（成果の）ために、営業のタイミング・都合でアプローチをしている」からです。それが「相手が求めるタイミング」と合うかどうかは運次第です。

しかし、くり返しアプローチを重ねていれば相手の記憶に残ります。印象に残る方法は「インパクト×回数」しかありません。私のような凡人は「回数」でカバーして

月　日　振り返りメモ

□ やってみた

□ できなかった

いくしかありません。その**回数＝チャンスが増えるほど、相手が困っているタイミングに出くわす可能性も高くなります。**

このタイミングを逃さないためには、心身ともに健康でいなければいけません。ポイントは「心身ともに」です。心と体です。怪我をしない・病気にならないこととあわせて、メンタルヘルスの不調を回避することが重要です。

今日これやる

「休むときにはしっかり休む」というのも、社会人の大切なスキルです。心身ともに健康でいるために、「今日は休む」と決めてみてください。ただ、休む＝ダラダラするではありません。適度に体を動かしつつ休みましょう。

罹らないよりも長引かせないための体調管理をする

昔は「風邪を引くのは気合いが足りないから」「体調不良は根性不足」という風土の会社も数多く存在し、電車遅延でさえも「それを見越してもっと早く出社するのが社会人のマナー」と怒られることが私もありました。

しかし、世の中の前提が少しずつ変わっていくなかで、現代の営業で大事なことは「罹《かか》らない」よりも「長引かせない」だと感じています。病気になってしまうことは誰でもあります。気合いや根性ではどうにもなりません。ただ、普段から体調管理をしっかりとして、早く治す土台を作ることはできます。欠かせないのは「睡眠」と「食事」です。しっかり寝て、十分な栄養をとることが、体調管理の第一歩です。

月　日　振り返りメモ

□ やってみた

□ できなかった

ありがちな「寝ずに頑張っているアピール」「昼食を食べていないアピール」「残業時間アピール」は、生産性を高めるアクションではありません。不必要に周りの目を気にしている状態であり、費用対効果・時間対効果を考えておらず、成果以外の部分で評価を求めている証拠です。

当たり前ですが、どれだけの時間を費やしたかではなく、どういった成果を残したか、が仕事で一番大切なことです。ましてや、営業のようにお客様に評価される仕事は、長い時間の頑張りではなく、お客様が求めていること・依頼していることをしっかりと達成することが期待されています。

アピールするために長時間働いたり昼食を抜いたりした結果、睡眠不足・栄養不足で体調を崩してしまっては意味がありません。**元気に毎日出社する。元気な姿でお客様に会う。当たり前すぎるくらい当たり前のことですが、こういった基本をなおざりにしないことこそ、売れない悩みを解決する第一歩です。**

今日これやる

しっかり寝ていますか？　食事を抜いていませんか？　3食しっかりとる、睡眠時間を確保することを優先してみてください。

モチベーションを上げようとしない

「あのときの私はやる気がみなぎっていた」「当時の私はモチベーションMAXだった」と思い出せる時期ってどのくらいありますか？

モチベーションを上げたいと考えている人は多いと思いますが、常にモチベーションが高い状態でいることは難しいものです。ちょっと体調が悪かったり、プライベートでネガティブなことがあったりすれば、そこに引っ張られてしまうのがモチベーションです。「なんとなくやる気が出ない」という日だってあります。

そもそも、**「モチベーションが高い状態」はボーナスステージだと思ってください。**たとえるなら、マリオがスターをとったときのようなものです。スターをとって無敵

月　日　**振り返りメモ**

☐ やってみた

☐ できなかった

状態になったときに、「ノコノコにやられないようにしよう」とゆっくり慎重に進める人はいないはずです。効果が切れる前に少しでも先に行こうと一気に攻めますよね（調子に乗って攻めすぎた結果、穴に落ちてしまったり……）。モチベーションが高いときというのは、現実でも一気に攻められるタイミングなんです。

何とかモチベーションを上げようと、生活習慣を見直してみたり、土日の使い方を変えてみたり、他のことに試行錯誤してみたりするのは、よくある話だと思います。また、「お金を稼ぐため」「生活のため」「～のためにやろう」と、目的意識からモチベーションを上げようとする人も多いです。

ただ、ボーナスステージには必ず終わりがあります。モチベーションが高い状態は、あくまで一過性のものです。むしろモチベーションを強引に上げた分、その反動でモチベーションが下がってしまうというケースもよくあります。

だからこそ意識すべきことは「モチベーションを上げる努力」よりも「モチベーションに依存しないこと」「モチベーションが落ちる要因をなくすこと」です。もうや

今日これやる

休み明けでやる気が出ないとき、とりあえずすぐできる仕事に手をつけてみてください。資料を読み返す、メールを見返す、スクリプトの再チェックなど。「初動を早く」が大事です。

る気が出ない自分を卑下することはやめてください。それこそがモチベーションを下げる要因です。月曜日や連休明けに「会社に行きたくないな」と思うのは、休みに慣れた自分の心と体がまだ仕事や出社に適応しようとしている過程なだけなので気にしないでください。

また、人間は突発的な対応、つまりイレギュラーに強い生き物ではありません。「突然の長時間会議」「突発的な顧客対応」「想定外のクレーム対応」などが発生すれば、その対応に心のＨＰ（ヒットポイント）はどんどん削られていきます。自分のメンタルを守るために、自分の時間の使い方に主導権を持つことが大切です。

モチベーションに依存しない状態というのは、「ルールと仕組み」がしっかりできている状態のことです。「モチベーションが高いから結果が出た」ではなく、あくまでルールと仕組みをしっかり守ったから結果が出た、という状態を作ることに注力した方が安定して成果を生み出せます。

月　　日　　**振り返りメモ**

☐ やってみた

☐ できなかった

どんなときにモチベーションが下がるか考える

私は昔、「サイボーグ」や「鉄人」と呼ばれていました。モチベーションなんて気にしたことがないと周りからは思われていましたが、決してそんなことはありません。モチベーションが上がらず、やる気が出ないときもありました。出社すらしたくないときもありました。

なぜやる気が出ないのか。昨日まであったやる気はどこに消えてしまったのか。昔のことを思い出しつつ、営業のモチベーションが落ちる原因を考えてみます。

- 体調が悪い
- やることが多すぎる、マルチタスク
- 決断しなければいけないことが多すぎる

今日これやる

これまでどんなときにモチベーションが下がっていたのか？　振り返って書き出してみてください。まずは自分を見つめ直すところから始めましょう。

- 罪悪感がある
- できるイメージを持てず、無意味感がある
- 目標を見失っている
- 評価されず、給与も増えない
- 仲間がいない
- 成長している実感がない
- 飽きた
- プレッシャーが強すぎて、不安が強い
- そもそも営業をしたくない

モチベーションが下がる要因は、人それぞれ何通りもあります。なにか1つ決まったものがあるわけではなく、いくつかの要因が影響することもあるでしょう。

まずは、**自分は何が原因でモチベーションが下がってしまうのかを考えてみてください。** 冷静に振り返ってみることが、モチベーションに依存しない・下げないことの第一歩です。

月　日　振り返りメモ

□ やってみた

□ できなかった

モチベーションが下がったときの対処法

新人でもベテランでもモチベーションが下がる瞬間は必ずあります。そんなときの対処法のアイデアをお伝えします。

▼とにかく嫌なことを終わらせる

気が重い仕事が残っていると、一日中気が重くなってやる気が出なくなるということは多々起こります。精神論ですが、とにかく嫌なことは先に終わらせることをおすすめします。私は「とりあえず忘れる」ということができないので嫌なことはとにかく終わらせます。

▼タスクを整理する

今日これやる

「これはモチベーションがゼロでも、何も考えなくてもできるな」と思う仕事をリストアップしておきましょう。それが未来の自分を助けてくれます。

これは私も陥りがちなのですが、タスクが溜まっていて辛いと感じているときに落ち着いてタスクを整理すると、「思ったよりやることが少ない」というケースは多いです。

▼褒めてもらう

人に褒めてもらうことは何よりのモチベーション復活法です。ただ、褒めてもらうのは上司や社内の人、と思い込んでいると定期的に褒めてもらうのは難しくなります。褒めてもらうためにSNSなどで褒め仲間を探してみるのも大事です。SNSで自分の言葉が「いいね」されたり、褒めてくれるコメントがつけばうれしいものです。

▼改善施策やアイデアを考える or 相談する

営業が辛くなる、やる気が出ない理由の1つに「できるイメージを持てない」を挙げました。逆に言えば「できそう」と思えればモチベーション・やる気は上がります。そのために考える時間を作ったり誰かに相談をしたりしてみてください。

月　　日　　振り返りメモ

□ やってみた

□ できなかった

▼営業の武器を増やす

使える営業トークやキレキレの切り返しトーク、鉄板の営業資料などがあると、「早く使ってみたい」と営業は感じるものです。これで営業のモチベーションは回復することが多々あります。

▼自分が営業をする理由を考えてみる

目標や自分が頑張る理由が持てていない、また周りから与えられて納得できていない状態で営業を頑張れと言われても、当然ながらやる気が湧いてくることはありません。今一度、営業を始めた当時の自分を思い出し、なぜ自分はこの会社で、この商材を営業するのか、自分なりの理由を考えてみてください。

やる気が出るのを待ってから何かをしようと思うのは難しいものです。とにもかくにも、まずは初動を起こす。それに尽きると思います。

やる気が出ないのは誰でも一緒。そこでやるかやらないかが差になるのです。

今日これやる

上記の「自分が営業する理由を考えてみる」をぜひ試してください。
誰かに見せるわけではないので、自分に素直に書き出してみましょう。

モチベーションを下げないコツ

最後に、そもそもモチベーションを下げないためにできることをご提案します。まずは試してみて、自分に合う方法を探ってください。

▼目標を立てる

具体的な目標を必ず設定しましょう。終わりの見えない努力はモチベーションを長続きさせません。大切なのは、「何をどこまで頑張るかを明確に決めて取り組む」ことです。そうすれば、モチベーションに左右されずに成果を出すことにもつながります。

月　日　振り返りメモ

□ やってみた

□ できなかった

▼目標のハードルを少し下げる

営業は成果を出し続けなければ、モチベーションは下がります。「成果が出ない＝断られ続ける」ことなので、モチベーションを維持するのには限界があります。そこで、成果のハードルを少し下げてみましょう。

たとえば、これまで「1件の受注」を目標にしていた人は、まずは「アポイント獲得」など、自分がモチベーションを維持できる目標にするのも1つの方法です。

▼休んでみる

元気な体が資本です。働きすぎで体が悲鳴をあげている、もしくは気が張りすぎて体の悲鳴に気づけない人も多くいます。体調を崩してから休むのではなく、意図的に休んでください。

▼働く時間を短くする

休むだけでなく、働く時間を短くする工夫も大切です。長時間労働は集中力もモチベーションも奪っていきます。短く働く、残業時間を減らす工夫は必要不可欠

今日これやる やる気が起きないとき、まずやるべきは元気に挨拶をすること。大事なことはテンションの低さを相手に伝播させないことです。

です。

▼完璧を求めない

営業に完璧はありません。完璧を求めてもプレッシャーになって辛くなるだけです。

おわりに

最後にどうしてもお伝えしたいのは、「もったいない」をなくすことが、自身の努力を最大化させるということです。

私自身が営業を受けたり、ロープレ研修で顧客役をやったりしていると、そんな「もったいない」に触れることが多々あります。

・電話の一言目が暗くて、話を聞く気を奪う
・スーツがしわくちゃで靴も汚れている
・一方的にずっと話をしていて聞くのが疲れる
・クロージングになったら「お願いします」しか言わない
・「ご検討状況いかがですか」と毎日のように後追いされて面倒くさい

多くの営業は「いかに自分の加点要素を増やすか」ということばかり考えがちです。

勉強を重ねて専門性を高めようとする、プレゼンやコミュニケーションスクールに通って話し上手を目指そうとする、スライド作成のスキルを高めてとにかく手の込んだ資料を作ろうとするなど、営業として成長する姿勢は非常に素敵であり、かつ今後も大事にしてほしい姿勢です。

しかし、その努力や頑張りが成果に結びついていないのならば、見た目や言動の「もったいない」が邪魔をしてしまっているのです。

本書でお伝えしてきた成果を出し続けるための習慣は、あなたの「もったいない」をなくしてくれます。安定して成果を出せる営業になるために必要なのは、特別なテクニックやスキルではなく、「今、何をするべきか」の判断を間違えないこと。そのために何よりもまず成果を出せる習慣を身につけること。それは、「もったいない」ことをしないということにも必然的につながります。

営業はお客様に一大決心を迫る仕事でもあります。「お金を使わせる」「お金を払ってもらう」のが役割です。だからこそ、営業自身が常に持つべき姿勢は「安心してお金を払ってもらえる関係」を作ることにあります。

そのためにも、深い関わりを持ち続けなければいけません。関わりを持ち続けるためには、営業をするこちら側が相手との接点を持つためのアプローチを続けること、そして相手であるお客様からの「関わりたくない」を産まないこと、つまり関わり続けることへの「安心感」を提供できるかどうかが大切です。

その安心感を作るのも「習慣」です。言っていること、やっていることがブレない、当たり前のことを当たり前に徹底できる営業こそが信頼される、「安心感」を提供できる営業です。

この安心感の提供、信頼の獲得が、お客様からの本音を引き出し、「本当にやりたいこと」「本当にやるべきこと」に時間とお金と気持ちを向けさせることができるのです。

営業成果は「積み重ね」だとお伝えしてきました。今日の成果は、これまでの過去の積み重ねの集大成です。しかし、積み上げ方を間違えていたら成果は出ません。本書を通して、改めて自分のルーティンをチェックしてください。

小さな変化でも、続けていけばあなたの未来は大きく変わります。

私自身がそれを実感した体験を1つお伝えします。私はずっと、YouTubeやVoicyで営業について発信しています。最初に撮ったYouTubeなんて、今見返せば見るに耐えない出来ですが、当時は自分で撮影と編集をしていたので、嫌でも自分の声や話し方を見る機会になっていました。

そうやって自分を客観的に見続けたことで、「もっとこう話したほうがいい」「話すテンポはもっと早めたほうが聞きやすい」「ここはもっとメリハリをつけよう」など、話し方にも実はさまざまな工夫ができることを知りました。今では大変手前味噌ですが、「声が良い」「聞きやすい」と言っていただけることも増えました。

元々話し上手だったわけではありません。新卒の頃、オフィスに戻ったときの「ただいま戻りました」という挨拶が、滑舌が悪すぎて「くだんした（九段下）」にしか聞こえないと怒られたこともあります。そんな私でも、積み重ねで変わることができると、ちょっと証明できたと個人的には思っています。

最後に、営業は資格がなくても誰でもできる仕事です。けれど、やりきっている人が少ない仕事です。まだまだ私にもやれること、成長できることがたくさんあると思っています。一緒に成長していきましょう。私も精進します。あなたの成長や成果を感じたら、ぜひ教えてください。

また、この本は私1人で書き上げたものではなく、これまでの営業人生に携わってくれた上司や先輩、一緒に営業をしてきた同僚や後輩、また営業ハックのメンバーや家族、すべての人とのご縁があってできあがったものです。改めて営業は1人で行なうものではなく、また今日の結果はすべての人との関わりからだと実感しています。関わっていただけた方、すべての方に感謝しています。

おわりに

読者特典　ダウンロード方法

本書をご購入いただいた方へ、営業の振り返りに役立つチェックリストを特典としてご用意しています。下記のURLからダウンロードしてご利用ください。

読者特典 ダウンロードURL

https://hiroshi-sasada.com/sales-hard-present/

＊入力はすべて「半角英数字」で行なってください。

ダウンロードコンテンツ

- ヒアリングチェックリスト
- テレアポチェックリスト
- オンライン商談チェックリスト
- 若手営業パーソンマインドチェックリスト

・URL入力の際は、半角・全角等ご確認いただき、お間違えないようご注意ください。
・URLの第三者への提供およびSNSでの投稿はご遠慮ください。
・本ファイルに起因する不具合に対しては、弊社は責任を負いかねます。ご了承ください。
・本ダウンロードサービスに関するお問い合わせは、弊社ホームページの「お問い合わせ」フォームよりお願いいたします。
https://www.njg.co.jp/contact/
・本ダウンロードサービスは、予告なく終了する場合がございますので、ご承知おきください。

笹田裕嗣（ささだ　ひろし）
株式会社営業ハック代表取締役社長。20歳の頃から営業のキャリアをスタート。新卒で大手人材会社に入社し、入社半年で営業成績トップになる。メガベンチャーに転職した後、営業フリーランスとして独立。独立後は営業代行事業・コンサルティング事業で、営業支援を100社以上実施する。2018年4月「営業の悩みを0にする」ミッションを掲げ、株式会社営業ハックを創立。営業コミュニティの運営も行ない、これまで累計200人を超える営業職の支援を行なう。2022年には日本最大級の営業の大会第6回「S1グランプリ」にて最終決戦で満票を獲得し優勝者となる。
ブログ：https://hiroshi-sasada.com/
X（旧Twitter）：https://twitter.com/sasada_36

営業《えいぎょう》がしんどい
売《う》れなくて悩《なや》む営業《えいぎょう》が今日《きょう》からできること

2024年4月20日　初版発行

著　者　笹田裕嗣 ©H.Sasada 2024
発行者　杉本淳一

発行所　株式会社日本実業出版社　東京都新宿区市谷本村町3－29 〒162-0845
編集部　☎03-3268-5651
営業部　☎03-3268-5161　振　替　00170－1－25349
https://www.njg.co.jp/

印刷／理想社　製本／共栄社

本書のコピー等による無断転載・複製は、著作権法上の例外を除き、禁じられています。
内容についてのお問合せは、ホームページ（https://www.njg.co.jp/contact/）もしくは書面にてお願い致します。落丁・乱丁本は、送料小社負担にて、お取り替え致します。

ISBN 978-4-534-06102-7 Printed in JAPAN

日本実業出版社の本

下記の価格は消費税(10%)を含む金額です。

トップセールスが絶対やらない営業の行動習慣

渡瀬　謙
定価 1540円(税込)

営業の「売れない行動」パターンを徹底解剖。日々の営業活動の中で、ついやってしまっている行動習慣の中から売れる営業に変わるポイントをNGとOKの対比でわかりやすく解説します。

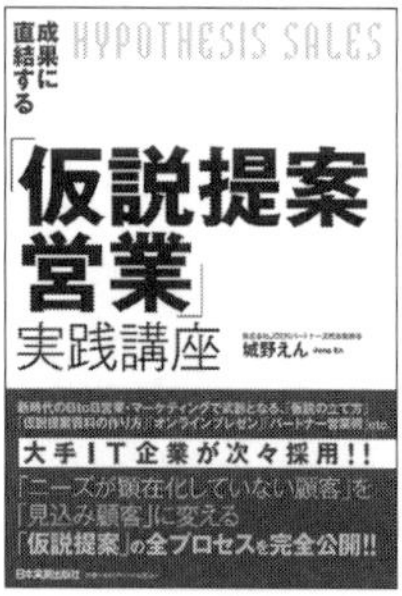

成果に直結する「仮説提案営業」実践講座

城野えん
定価 1980円(税込)

BtoB営業で強力な武器となる「仮説提案力」を解説。仮説の立て方、仮説提案資料の作成、商談トークへの落とし込み、オンライン商談のプレゼン術などを、豊富な図で説明します。

この1冊ですべてわかる 営業の基本

横山信弘
定価 1760円(税込)

営業コンサルタントとして人気の著者が、これだけは知っておきたい営業の基本と原則をまとめた1冊。成果を上げ続けるために身につけたい「考え方とスキル」を紹介します。

定価変更の場合はご了承ください。